日本人という名の芸術品

“L’art d’ être Japonais”

日本人の心を旅する

あるフランス女性の眺めた日本と日本人

目次

日本をこよなく愛したジュヌヴィエーヴ・エルヌフの足あと

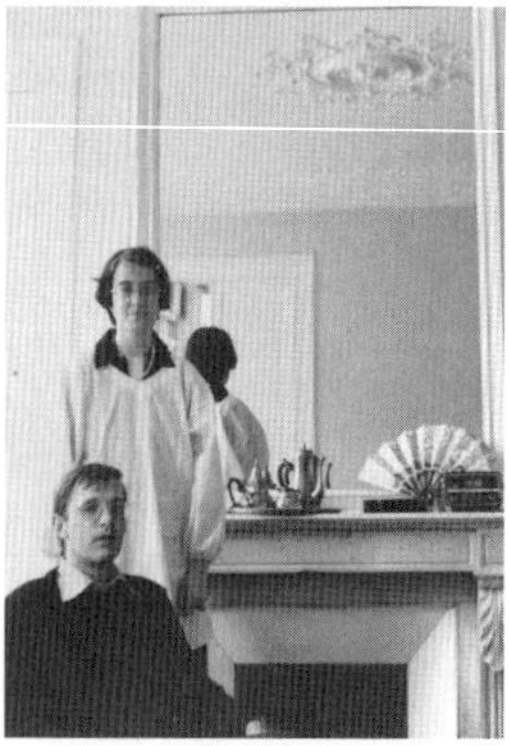

装　画　杉浦由紀『Camellia』
装　丁　a c e r

I

ヨーロッパからの眺め

日本がヨーロッパ人の想像の世界の中に現れたのは、十三世紀末にマルコ・ポーロが日本を、中国語の「日本國」を基にして〝Cipango〟と呼んだ時からです。中国人にとって日本は、東側の、日出ずる国に過ぎなかったのかも知れません。しかしマルコ・ポーロはそれを一種の「エル・ドラド」（宝物に溢れた夢の国）として述べました。

一四五〇年にマウロ修道士は、マルコ・ポーロをも含む、先達の四十人前後の探検家の記述を集めて世界地図を作りましたが、日本島はきちんとした形では現れず、ただ、欧亜大陸の東の果て、未知で恐ろしい危険を含む幾つもの島々、その群れの中に含まれて描かれているに過ぎませんでした。

その後はご存じのように、コロンブスが日本を見つけるため、西廻りの航海を始め、アメリカ大陸を発見しましたが、航海はそこで終わってしまいました。

やっと一五四三年になってポルトガル船が台風に襲われ種子島に漂着し、鉄砲の技術を伝え、一五八五年にはイエズス会のポルトガル人であるルイス・フロイス神父が日本人の特徴を述べる書き物を残しました。でも日本は間もなく鎖国を実施し、外界への門戸を閉じてしまい、世界の動きから忘れられてしまいました。

私は中学生の時に、小泉八雲の本の英文訳を読んで、ギリシャ人から日本に帰化したラフカディオ・ハーンの話を知りました。

一九八〇年代の半ばには、夏休みでブルターニュ海岸にいる時に、テレビの夏の連続番組で『将軍』を観て、江戸時代の初めに日本に帰化した、イギリス人のウイリアム・アダムス（三浦按針）の物語を知りました。

それからは、日本の話は経済の分野でしか出て来ず、文化面では忘れられてしまいました。しかし二十世紀の末から二十一世紀になって、スシやラーメンやマンガを通し、世界は日本を再発見したようです。

二〇〇三年にはハリウッド映画「最後の侍」のお陰で、明治開化時の一八六八年から一八六九年にかけ、フランスの将校ジュール・ブリュネを中心に、フランス人の下士官四人、駐在中の中国から駆け付けた数人のフランス人、それに江戸幕府軍、これらが集まって帝国官軍に反乱を起こし、函館に共和国を設立して九カ月も続いたことを知りました。

そして今度は、アフリカのモザンビークで奴隷として囚えられ、日本にやって来て侍になった〝ヤスケ〟の物語が公になりました。彼はアフリカでの本名さえわかりません。ル・モンド紙によれば、彼はインドのゴアで競売にかけられ、その二メートルに近い体格から、イエズス会のイタリア人のアレッサンドロ・ヴァリニャノ神父に護衛者として雇われ、神父とともに、一五七九年七月二十五日に日本に上陸しました。

当時のイエズス会のフランソワ・ソリエ神父の記述によれば、織田信長はヤスケの黒肌が自然の本物とは信じられず、遊びで体を黒く塗ったものと思い、体全体を詳細に調べ、やっと本物の黒人であると認定しました。当時の日本人の体格の中では、ヤスケは本当の巨人だったに違いありません。二年経ってヴァリニャノ神父が日本を離れる頃には、賢いヤスケは日本語をすでにかなり習得していたらしい。神父に同情した信長はヤスケを譲り受け、彼を奴隷から解放して侍にし、自分の護衛団に加えました。信長は実に、ヨーロッパ人に先駆けて奴隷を解放していたのです。ただ信長は、明智光秀に裏切られたあげく戦に敗れ、切腹を余儀なくされました。ヤスケにはそれができず、どうせ死ぬのなら、と戦い続けましたが、結局は光秀の捕虜になりました。同時期に日本にいたルイス・フロイス神父の書き物によれば、光秀はヤスケについてこう言いました。

「ヤスケは人間ではなく動物であり、殺すには及ばない。インドにいる神父達の許へ送り返せ」

本当にそう思ったのか、あるいはヤスケの命を救う口実だったのか、何れにしてもヤスケは、命は救われましたが、その時から歴史の塵の中に消えてしまいました。

ただ、二〇二〇年になって、ヤスケの名前が巷に戻ってきました。アフリカのマリ国出身のモリー・サッコ氏が〝モスケ〟という屋号のレストランを開いたからです。自分の名の〝モリー〟を〝ヤスケ〟と組み合わせて〝モスケ〟にしたものです。サッコ氏は日本料理と、両親の出身地であるアフリカの料理と、自分の生まれ育ったフランスの料理の、三者を兼ね合わせた料理を始め、ミシュランガイドの格付けで一つ星を獲りました。しかしいわゆる日仏阿のフュージョン料理ではなく、三者の間の共鳴点を見つけ、意外な調和を見つけるのがサッコ氏の目的だそうです。

サッコ氏は日本に足を置いたこともないのに、フランスで小さい頃に見たアニメのニッキー・ラーソンとドラゴンボールが大好きになり、またマンガも読んでいました。そして考えました。

「マンガの英雄たちは、いつも何か食べている。なぜだろう」

ミシュランの星を獲った後に、テレビの主要番組にアヤ・ナカムラと一緒に招待されました。アヤ・ナカムラも不思議な女性で、日本人の名前を使って有名になった黒人歌手です。司会者は知っていたのでしょうが、二人はその時に初めて、お互いにマリ人であることを知って驚いていました。

サッコ氏はその自然で衒いのない会話や態度が制作者の眼に留まり、テレビでのグルメ番組を主催することになりました。屋外での料理では素人の著名人を指図しながら料理を作り、名の知られた料理人を招待し、公園やシャトーの庭園、太陽の下で、三人で試食する番組が大成功しました。真っ黒なサッコ氏は針金みたいに痩せて二メートル近いのに、しなやかで即興性があり、傍の小さな著名人を圧倒し、アフリカ人の即興性と偉大さを体現し、そのテレビ番組は大評判となりました。彼の会話は流暢で、芝居は打たず、ごく自然であるので、見ていてとても気持ちがよい。

サッコ氏が有名になってから、貧困から逃れようとする黒人で料理人を志望する人が多くなりました。今までの黒人は、その体格と持って生まれた即興性から、フットボールや歌手への志願者が多かったのに、今では料理人を目指すようにもなったのです！

その後、柔道で日本を圧倒する黒人スターのテディ・リネール氏も、スポーツ界に関する制作会社を設立し、その社名を〝ヤスケ〟と名付けました。更に、フランスのラップ（詩をリズムに載せて語る演技）のあるスターは、エーザー・ヤスケという芸名を使い、通常のダブダブのズボンとズックの代わりに、着物を羽織りゾーリを履いて演技します。このスターはヤスケという名に関わらず女性なのです。

これらの事件は日本の文化がこちらの一般の人に馴染むキッカケを作り、またさらに、日本に対する興味を増したようです。

しかしヨーロッパの歴史家たちは、日本人が、恐らく自分で意識しないまま、近代歴史に透かし模様の跡を残していることを知っています。彼らによれば、一九〇五年に終わった日露戦争は、一九〇五年の第一次ロシア革命を誘発して帝政ロシアを揺さぶり、遂に一九一七年、共産党革命を達成するのに貢献しました。実に日本は、陰で、世界で初めての共産党政権を生むのに貢献しているのです。

さらに一九四一年の真珠湾攻撃は、それまで欧州での戦線加入に迷っていたアメリカを揺さぶり、米国の第二次世界大戦への参戦を促すことになり、米国の主導する連合軍がドイツのナチス政権を破り、現在の欧州の平和を築く基になりました。

また、日本は欧米勢力に挑戦した初めての国となり、日本の軍国主義的な意図とは関係なく、インドネシアやベトナム、ビルマ（現在のミャンマー）、香港、それにアフリカに確立されていた、欧州勢の植民地主義を解体する引き金となりました。

原子爆弾の投下を受けたことは、また別の歴史を作ることになります。

そして今は、他の先進国に先駆け、急速な人口の老化と、永久的な経済停滞に陥り、それに対する産業と社会の適応、環境変化が起こす天災、アメリカと中国に挟まれての地理政策など、日本はいち早く〝バネ社会〟または〝辛抱の社会〟の時代に入りました。近い将来に同じ運命に陥るだろう他の先進国は、日本が行う実験を、将来のモデルとして観察しているところです。

これらの歴史的事実は、巧まずして、谷崎潤一郎氏が戦前に語った「陰翳の世界」に生きる、日本人の控え目な陰の芸術の精神に合致するように思えます。

ここで述べるのは〝ヨーロッパから見た日本人〟の印象です。アメリカからでも、アジアからでも、南アメリカからでもなく、私みたいな普通のヨーロッパ人が、日本と日本人に対して抱いている日本的芸術の像です。

私は一九八〇年代の欧米人のように、日本民族の成功を称える者ではなく、国家主義者のために、日本民族の純粋性や優越性を持ち上げようとする者でもありません。ただ、日本人の芸術性がわれわれ西洋人の感覚と全く異なり、その〝奇異さ〟はユネスコの世界遺産として保存する価値がある、と思うだけです。そう思ったのは私だけではありません。後に述べますが、すでに一八八九年、キップリングは正にそのような提案をしているのです。

日本人は〝特異〟な人種か

共産主義を理解するには資本主義を必要とするように、日本人が本当の自分を理解するには、外国人からのインプットが必要だと思います。

ただ、外国人でも無名の私が幾ら〝日本人は特異だ〟と言っても説得力に欠ける。そこで、ここではハーバード大学の大先生を紹介します。サミュエル・ハンチントン教授。

ハンチントン教授は、日系米人のフランシス・フクヤマ氏（後にスタンフォード大学教授）が一時期、ハーバード大学で修学した時の先生でもあります。

生徒であったフクヤマ教授は、ソビエト連邦が崩壊した後の一九九二年に、「歴史の終わりと最後の人類」という著作を発表し、おおよそ次のように予言しました。

「ソビエト連邦の陥落は歴史の終わりであり、自由主義と共産主義の争いは終わった。西欧の自由主義と民主主義は人類の思想的進化の最終点である」

この本は一躍、世界的に有名になりました。標題も刺激的で、誰もが待っていた主題だったからだ、と思われます。

ただ、ハンチントン教授は、自分の生徒のやや単純すぎる結論の成功に反発したのでしょうか、翌年の一九九三年に『文明の衝突』なる著作を発表し、およそ次のように主張しました。

「いや、歴史は終わっていない、将来の戦争は国と国の間ではなく、文化圏の間で戦われるだろう」

そしてハンチントン教授は世界を次の、九つの文化（または文明）圏に分けました。

1．西欧文化、**2．ラテンアメリカ文化**、**3．アフリカ文化**、**4．回教文化**、**5．中国文化**（孔子文化の中国、韓国、台湾、ベトナムなど）、**6．ヒンズー文化**、**7．正教文化**（スラヴォーオルトドックス）、**8．仏教文化**（チベット、モンゴルなど）、**9．日本文化**。

これは余談ですが、ハンチントン教授はその中で、ウクライナが東部の正教文化と西部の旧教文化の間で紛争が起こることを予言しており、実際に二〇二二年に、その通りになってしまいました。

さて、上記の分類の中で、日本文化は最後に挙げられています。ハンチントン教授が、それを中国文化の中に含ませるべきかどうか、迷ったせいかも知れません。

でも、次のことを考えると、やはり両者を区別する方が正しそうです。

中国人はすでに西暦の三世紀に日本を訪れ、日本人の礼儀正しさや盗みや殺人が少ないことなどに驚き、魏志倭人伝でほぼ次のようなことを述べています。

「生の野菜を食べ、アルコールを飲むのが好き」

「自分より重要な人に会う時は、尊敬心を示し、跪いて手を合わせる」

「女性はよこしまではなく、嫉妬心もない」

「盗みも係争もほとんどない」

文化的には、日本はそれほど中国と異なるのです。

しかし日本文化が最後に挙げられた理由は、他にあるのかも知れません。例えば、日本文化が最も小さな文明単位であるせいかも知れないし、米国や西欧から最も離れた文化だと考えられたせいかも知れません。

さらに言えば、他の文化圏が宗教かそれに類似の教えで分けられているのに、日本は宗教とは関係ない文化圏であるのも特殊です。実際にピュー研究センターによる、宗教上の自由に関する調査では、社会的に敵視される程度と公的制約の少ない点で、日本は世界の多人口国の間で最も自由な国とされています。

ニホニチュード

こんなことを言えるのは、私自身がワインの最高産地であるフランスで育ったからでしょう。ワインはその特徴や格や芳香は、テロワール（産地の質）、クリマ（気候）、環境、育て方などに影響されます。進化の過程にある生き物は、全てがそうであると私は思います。

つまり、人間はワインと同じ生き物で、テロワール（郷土色の強い土壌）とクリマ（熱帯と寒帯と湿気帯と温帯の混ざり）がその性質を作ります。日本の、山と川と海から成り、最小限の平野しかない地形と、暑い時期には湿気に悩まされ、寒い時期には海風で凍える気候と、火山でできた土壌と、春夏秋冬の四季が概ねはっきりした天候は、世界でも独特な環境を成しています。そんな環境から四季ごとに食材が変わり、一二〇〇年ものあいだ肉は殆ど食べず、衣装は季節に合わせて四種は必要となり、湿った気候のせいでステテコや胴衣で体を隠し、黴と共生するので、発酵技術や発酵食品が発達したと思われます。

つまり日本人の人柄は、険しい山と広大な海に挟まれた、なけなしの細長い、坂の多い狭地に住み、湿気と酷暑と極寒と天災という自然現象にしごかれ続けた人間の歴史による結果です。

日本は三八万平方キロメートルの面積を持ち、海岸線は二万八千キロメートルありますので、前者を後者で割ると、一三平方キロメートルにつき一キロメートルの海岸線があることになります。

ヨーロッパ人の私は、ヨーロッパの島国であるイギリスを、いつも日本と比較してしまいます。イギリスはよく海洋国と言われますが、海岸線は二十平方キロメートルにつき一キロメートルなので、日本の半分そこそこの海洋国に過ぎません。しかも日本では、十五度以上の坂が国土の八十%を占めます。つまり、海洋性と山岳性の両方の特徴を同時に持っています。しかも小さな領土なのに、北海道のシベリヤ気候から沖縄の亜熱帯気候にまで伸びています。
比べてイギリスには、雨の多い冷温帯気候しかなく、しかもスキーのできるような山さえありません。なのでイギリス人は、スキーの季節になると大挙してヨーロッパ大陸に渡り、アルプスのスキー場を一杯にしてしまうのです。

イギリスはヨーロッパ大陸の、最も近いフランス側の対岸から三十五キロそこそこ、時に物好きな男女が泳いで渡る距離。なのでイギリスは、特殊な〝イギリス人〟という民族を作れるほどには、ヨーロッパ大陸から離れていません。

しかしこの距離は、ヨーロッパ大陸内での争いから身を離し、時には傍観し、時には相手を選んで加勢したりするには、都合の良い距離です。フランス人は、特に一七八九年のフランス革命以来、いつも戦争ばかりしています。そんな戦争の合間にも、天気の良い日は、フランス側の海岸から、イギリス島はその白い断崖が、平和そうに沖に浮かんで見えるのです。そんなこともあってか、フランス人は陰では彼らを、〝腹黒いイギリス人〟と呼びます。

イギリスは科学が好きな国民で、遺伝子分析もその一つです。そこで、かなりのお金をかけて、ヨーロッパ系のイギリス人（今ではインド系やパキスタン系のイギリス人も多いからです）の遺伝子調査をしました。イギリスには西暦四五〇〇年前後にアングロ－サクソン族（今のドイツの北部に住んでいた部族）が侵略し、アングロ－サクソンの国と呼ばれるようになりましたが、遺伝子調査によれば、実際には、アングロ－サクソン侵略の前に、フランス人とデンマーク人が侵略移住していた事実がわかりました。

人口の多い中部と南部に今日住んでいるヨーロッパ系のイギリス人は、四十％の遺伝子がフランス人に帰属され、デンマーク人に十一％、ベルギー人に九％が帰属されました。そして、西暦四〇〇〇年から五〇〇〇年の間に移住したアングロ－サクソンには、ほぼ三十％の遺伝子しか帰属されませんでした。

フランスの北部に住むノルマン族による一〇六六年のイギリス征服は、文化と言語に巨大な影響を与えましたが、イギリス人の大衆の遺伝子には殆ど影響していません。ただ、イギリス人の貴族や金持ちには、ノルマン族の遺伝子の割合が多くなります。イギリス人の、特に一般大衆が、フランス人を忌み嫌うのはそのせいだ、とも言われます。

イギリス人とフランス人はそれほど遺伝子を共有しているのに、お互いを眼の敵にして、悪口ばかり言い合います。イギリス人はフランス人を、自分の感動や興奮や心の動揺を平気で表現し、それは〝日本人が一杯飲むと喚き、階段から落ち、ボスを罵るのが許されるのと同じだ〟という記事を読んだことがあります。フランス人はよく彼らは偽善者だ、と言います。それはイギリス人は態度が冷たく、一般に控え目な態度を取るからでしょう。フランス人にはそれが人を欺く偽善に思え、実際にはちっとも控え目ではなく、むしろ傲慢さの表れだ、と考えているからです。でも〝イギリス人性〟は、と言うと、どうもハッキリしません。フランス人がイギリス人に手を焼いた時には、彼らには〝島国根性〟があるからだ、とぼやくでしょうが、これでは答えになりません。

イギリス人は少しお高く止まり、言いようのない優越感を持ち、世界が自分を必要としているぐらいに思って存在して来た、とも言われます。またイギリス人は長い間、〝自分が何か〟を考える必要性を生じなかったかのようです。ヨーロッパ以外の世界では、自分はイギリス人だ、と言えばそれでまかり通ったからでしょう。ただ、民族の特徴を述べるには、その民衆性と他の国民との差異性が要求されます。イギリス人と他のヨーロッパ人との違いは、もう一つはっきりしません。

イギリス人に似て、日本人もよく控え目な態度を取ります。アメリカのある外交官はそれを、日本人は〝永遠の他人〟のマスクを付けている、と評価していました。でも恐らくこの外交官、日本語ではなく、早口の英語で畳み込んだせいでしょう？

イギリスでの世論調査では、イギリス人の過半数は自国より外国に住みたい、と考えています。自国の冴えない単調な天候のせいと、英語のお陰で外国での仕事が保証されているせいでしょう。もし日本とフランスで同じような調査をしたら、恐らく両国とも、一〇〇％近くは自国に住み続けることを望むでしょう。イギリス人と日本人が同じ〝島国根性〟を持っているとしても、両国の間での最も大きな違いは、それかも知れません。

日本本土は隣国の朝鮮半島からでも二百キロ位は離れています。大陸側の韓国は西欧文化に大きく影響され、アメリカやカナダへの移民は多く、キリスト教信者は新教と旧教を合わせると、人口の三十％にのぼり、世界の十大教会の内の五軒は韓国にあるそうです。これは隣の日本がキリスト教の不毛の地、英語が不得手で、恐らく最も世界化していない先進国であるのに比べれば、単に二百キロの海路の差だけではありません。

人間は平地に住む方が楽。しかし日本にはその平地が少なくて狭いので、移動が容易ではない。

港や盆地ごとに半分隔離された地域社会ができ、そこで共同生活をするのに暗黙の了解ができ、相手を尊重し、陰口は言ってもよいが、喧嘩はなるべく避ける。共に湿気と酷暑と極寒と天災という自然現象にしごかれ続ける。

ヨーロッパでは夏側の半年は太陽と共に生き、暮らし易くて素晴らしい季節であり、冬側の半年をどのように忍んで暮らすかが、生き延びるコツになります。日本では、裏日本、北海道、山岳地帯を除き、恐らく冬側の半年の方が暮らし易く、夏の三カ月の焼ける太陽をどのように忍んで暮らすかが、生活の知恵になるでしょう。ヨーロパ人の性格が陽性になり、日本人の性格が少し陰性になっても仕方がありませんよね。

日本人はそんな地理の気紛れや、環境や歴史から出来上がった結果でしょう。そのせいか、日本人の人柄は、自分らの生活を形作った環境との強い絆を常に保ち、さらに育て続けているようです。

日本人の純粋性や特殊性を謳って賛否両論があるようですが、それ自体が不毛で無駄な論争です。事実はと言えば、日本人はもちろん純粋ではないけど、殆どの国に比べれば〝比較的〟に純粋なのであり、全て程度の問題だからです。

一九九七年のヨーロッパ規模での世論調査（ユーロ－バロメータ）では、両親の内の一人、または祖父母の内の一人が外国人である割合は、フランスは二十五％、イギリスは十三％、ドイツは八％、イタリアは三％となっています。これは人種の混成を調べる調査なので、両親ともまたは両祖父母とも外国人の場合は、この中に含まれていないものと思います。日本は恐らく一％にも満たないでしょう。それはフランスがヨーロッパの交差点であったのに対し、日本は極東の海の向こうに隠れていたからです。外界の民族との混血が少なく、国境は海が守ってくれる。

世界の大抵の国では国境は、地平線や河や、時には歩いて越せる山という、簡単な柵に過ぎません。従って言葉も、例えばヨーロッパでは国語は異なっても、同じインド・ゲルマンの起源の方言、引いてはラテン語やギリシャ語やゲルマン語からの延長に過ぎません。日本はあまりに国境が越し難く、日本語は起源さえも明確ではない、特殊な言葉になってしまいました。世界には島国は幾つもありますが、日本と違い多民族の移民で出来上がった島国か、人口の少ない小国です。そのせいで日本人は、アイスランド人と並んで、遺伝学の研究でもよく使われています。

かくして、日本人の性格は、他の民族が真似のできない、独特で特殊な芸術作品になってしまいました。日本のそんな特徴は、威張ってもよいし、恥に思っても構わないはずです。

日本人の文明、文化、習慣、土壌、気候から出来上がった性格は、同じムジナの間で生活している間には、なかなかわからない。日本の外から見て、他の国民と比較してみて、初めてそれがハッキリするものです。よく日本人は外圧がないと制度や習慣を変えない、と言われていますが、それと同じ要領で、ニッポンは外から見て初めて日本人の〝人となり〟がよくわかるのです。

世界にはすでに〝ジャポニズム〟という言葉がありますが、それは主として、ヨーロッパの芸術家達の日本の文化や芸術への嗜好、特に十九世紀末の浮世絵に凝った日本趣味、現代ではタタミ化された外国人の日本趣味を言います。私の言う「ニホニチュード」とは、そんな日本趣味とは別で、日本の地理や地質や気候や湿度や海や山や川、国境が海で隠され、眼に見えない、そんな環境に取り巻かれて生き続けた歴史から作られた日本人の性格、とでも定義しましょうか。日本語にすると〝日本性〟とでも言えるでしょうか。または〝大和魂〟、〝日本的精進〟、〝日本的霊魂〟、もしエスプリというフランス語を使えれば、〝日本エスプリ〟だと言えます。そんな〝日本人気質〟は、なかなか一言では説明できない芸術品です。ただ、何れの日本語を使ってもフランス語ほどの長さや音楽性や詩的情緒がないので、私の欲しい、然るべき感じが出ません。

ついに私は〝ニホニチュード〟という表現に落ち着きました。〝ニホニチュード〟の〝ニホニ〟は〝ニホン〟を次の接尾語に合わせて変化させた言葉であり、〝チュード〟は〝性質や状態〟を表すラテン語系の接尾語です。

〝ニホニチュード〟。この言葉はまだどの辞書にも出ていないはず。私も口にするのは初めてですが、将来には必ず辞書に採用されると思います。

ここでは日本人と一絡げにして述べますが、これは日本人が均一だという意味ではありません。日本人には少なくとも三つの大きな民族が混ざっているように理解しました。ただ、そのような異なる起源を持つ人々でも、日本という限られた地理や土壌や気候に長く生きていると、共通の〝ニホニチュード〟が出来上がるはずです。そういう意味で、日本人を一括して述べています。

この本は日本人の特殊性みたいなことを謳歌するものではなく、優劣性を比較するものでもなく、日本の国威を挙げてあげよう、なんて善意は全くありません。日本人が特別な人種である訳はありません。ただ、日本の風土や地理環境や社会構造や言葉が、知らない内に日本人の人格や芸術性や嗜好や思考を作ってしまったのです。

日本人にはすぐにそれとわかる態度や風情があり、それは欧州人に混ざっていても、東洋人の中にいても、すぐにそれとわかるのです。話してみると、西洋人とは陰日向的に違う考え方があり、しかも欧州文化と相補的に働くように思われます。

西洋文化は自然の征服から始まったことは明らかですが、日本人は自然を恐れ、それに身を寄せる方を選びました。それが、日本語に自然を真似る擬声語が多い原因ではないでしょうか。シンシンと夜が更ける、シトシトと雨が降る、シーンと周りが静まる。サラサラと雪が降る、メラメラと火が燃える、トートーと水が流れる、ビュービューと風が吹く、サンサンと陽が照る、ポカポカと暖かい、ボーボーと草が生える、スクスクと木が育つ、そして私は、ショボショボと降る雨に、ビチャビチャに濡れ、ボチャボチャの道を、トボトボと歩く……。何と美しい自然との会話でしょう！

キップリングの日本の旅

ラッドヤード・キップリングは〝ジャングル・ブック〟や〝キム〟などの冒険小説の作家で、英語の作家で最初にノーベル文学賞を受けた人、彼は一八八九年の夏から晩秋にかけ、インドで知り合った写真好きの気象学教授ヒル氏と一緒に日本を旅行します（1）。

キップリングは旅行の前から、先験者の本を読んで、おおよそ次のような予備知識を持っていました。

「日本には西洋とは逆の風習を持つ、とても奇異な人種〝日本人〟が住んでいる。日本人は優美な国民で、礼儀正しく、樟脳や漆、それにサメ皮みたいな剣を作り出す、日本はそんな国、つまりは芸術家の国である」

愉快なのは、キップリングは自分の人力車を引く若者を、〝バスク人〟の顔をしている、と指摘していいます。バスク人とは、フランス南部とスペイン北部の国境を股にして住んでいますが、どこから移民して来たのかよくわからず、縄文人と同じアルタイ地方だ、という説があったぐらい珍しい人種です。実は私も、バスク人の体格や角ばった顔は、一部の日本人に似ていると思っていました。しかもバスク語は母音が多くて日本語に近く、バスク人は日本語を早く会得する、という評判さえあります。

キップリングは旅行の間に、日本人の芸術的な本能や、趣味の良さや清潔さや保全の良さに感嘆し、初めて自分が野蛮人だと感じた、と白状しています。

夏の長崎で、丘の麓に石段が続き、青黒い松の木に覆われ、あちこちに鳥居が見られる所に行った時には、曇っていたようですが、もし太陽が出ていたら、返って雰囲気を壊しただろう、とさえ言います。ヒル教授は、

「何という国だろう！」

と驚きますが、キップリングはこう答えます。

「先生、この世界では我々が唯一の人民ではなかった、という驚くべき事実のせいですね」

そして、ある民家の見学では、

「食器棚を綺麗に満たせる、そんな東洋の国には、我々は頭を下げるべきです」

さらに

「彼らは唾を吐かないし、豚みたいに食べたりしないし、喧嘩もしない」

その民家で酔っ払いに出会い、こう言います。

「酔っ払いでさえ、ヨロヨロしながらも、家の隅から隅まで見て回り、転がるように丘を下って、長崎の町の中に消えてしまった！」

キップリングの一行は旅行の途中でビルマに寄り、そこで見た女性たちを最高だと褒めていたのですが。ここで前言を取り消します。

「私はもうビルマ人にはなりたくない。日本人になりたい、もちろん、いつまでもオトヨと一緒に……」

オトヨとは、茶屋で仕えてくれた女性です。ヒル教授は答えます。

「やれやれ！　そりゃ、ここより生き心地と死に心地の悪い場所は、幾つかはあるだろうが……」

横浜でキップリングは、日本人を中国人と比べ、中国人は微笑まず、若い頃から老人になっているけど、日本人は皆が微笑み、一生を子供の心で過ごす、と見抜いています（私もそう思うからです！）。

また他の場所で、日本滞在の長いイギリス人がこう言います。

「中国人は平均して、日本人とは比べられないほど酷い悪漢ですけど、誠実さが最善の政策だとみなし、その線で行動します。日本人は災いから自分の身を救う時だけに不誠実になります。それは子供が使う方法です」

(私が思うに、当時の中国人は、一八四〇年代の初めに、アヘン戦争でイギリス人から酷い恥辱を受けたのをナマナマと覚えており、イギリス人には笑顔を向ける気はしなかったのでしょう。日本人は、鎖国されていたせいで、西洋人をよく知らなかった、とも言えます)。

その時にキップリングは、日本人についてこう言います。

「何度、このような意見を聞かされたことか。外国人は至るところで、これらの、花々の間や子供達の間に生き、その作法と同じくらい柔和な煙草を吸い、手先が器用で礼儀正しい小柄な人民について、同じような感想を述べている。そこで悪いが、そりゃ、欠点のない人種は確かに完璧だ。だけどそうすれば、地上の残りの全民族は立ち上がり、それを鉄槌で粉砕してしまうだろう。そしたら日本は無くなってしまう!」

京都の近くで、火事で焼けた木造のお寺を、十年来修復し続けている現場を見に行った時は、こう言います。

「日本人は偉大な国民の一つだ。石工は石をこなし、大工は木材をこなし、鍛冶屋は鉄をこなす。そして芸術家は生活、死、そして眼に入る全ての物をこなす。幸いなことに、日本人の性格には、世界全体をこなしてしまうような最後の詰め堅め、それが施されていない。だけど、我々にはそれがある。……」

キップリングは旅行中、至るところで日本人の芸術性と職人芸のことに触れ、作家として色んな想像を馳せます。

日光への旅行で杉林の一本道を登り、ツツジやツバキやスミレが咲き、林の間を急流が流れ、そこに掛かる日光橋を通った時に、血のように染まった赤橋、帝を除いては誰も足を置いてはならない赤い漆の聖橋を眺めながら、キップリングは、

「日本人は非常に抜け目のない芸術家だ」

と述べ、それから、おおよそこんな話をします。

「昔、ある君主が日光川に来て、周りの木々や上流側の丘や急流を眺め、下流側の穏やかな収穫の線や支脈の森を見た時、

〝これらを纏めるには、前景にひと筆の色が必要だ〟

と言い、青と白の着物を着た小さな子供を木の下に立たせて効果を見ました。君主の優しさに

勇気づけられ、近くにいた年老いた乞食が施し物を願い出ました。刀の刃の焼き入れ具合を試してみるのは昔の君主の特権であり、君主は機械的に刃を閃かせ、乞食の頭をまるで家畜のように切断しました。乞食に邪魔されたくなかったからです。

　血は迸り出て浅瀬の石瓦を横切り、朱色に染めました。君主は微笑みました。問題はうまく解決したからです。

〝ここに橋を建てよ〟

　とお付きの大工に命じました。

〝あの石瓦と同じ色で。それからその傍に灰色の石で橋を建てよ。余は民衆が欲する物を忘れたりはしない〟

　そして君主は流れの向こうの小さな子供に千斤の金を与え、道中を続けました。君主は風景を作り上げたのです。血に関しては、他の者達が拭き上げ、誰も二度と話題には挙げませんでした……。これが日光橋の物語だ。こんな話は旅行案内書の中には見つからないだろう」

　つまりこの話は、作家としてのキップリングが作り上げたものです。その後、東照宮の中を案内されて回った後、キップリングは、

「下方の聖橋の傍では、赤は喜びの色かと思ったが、丘の中腹に登って中尊寺の庇の陰の木々の

下では、赤は悲しみの色合いだ」

　と言い、こう付け加えます。

「浅瀬で君主が乞食を殺した時に、君主は、私が言ったように微笑んだりはしなかった。君主は乞食に非常に申し訳なく思い、こう言った。〝芸術は芸術であり、どんな犠牲にも値する。その屍を運び去り、裸になった魂のために祈りなさい〟」

　確かに、日本人の芸術性は、時に残虐さと隣り合わせのように感じます。日本人の盆栽や切腹も残虐なものです。魚の〝活け締め〟は魚肉を生き生きと保ち、美味しく食べるのが目的だと思います。ヨーロッパでも多くのシェフが〝活け締め〟の方法を使い始めましたが、むしろ魚の苦しみを軽減する点を強調しています。スシの食べ方には〝女体盛り〟という食べ方があると聞きました。まだ見たことがありませんが、残虐そうですね。

　ある地下組織は、インターネットのプラットフォームで「ブッカケ」という名を使い、ヨーロッパ全土にポルノ網を広めました。それが何を意味するかは想像にお任せしますが、これは日本で始まった現象であり、恐らくヨーロッパではこんな考えは起こらず、そんな言葉もないので、日本語をそのまま使ったのでしょう。こんなプラットフォームは、少なくとも女性に対して、とても恥辱的で残酷であり得ます。

残虐さと言えば、フグを食べる人もそうですね。フグは肝臓と卵巣に、テトロドトキシンという物質を含み、それはヒ素より毒性が強く、まずは舌から唇、口を痺れさせ、遂には意識を失わせ、解毒剤はないので、必然的に死に至るそうです。しかし舌が痺れる位まではそれを好む通がいるそうです。私がフグの刺身を食べた時は、歯応えはあっても、味は弱く、特に美味しいとは思いませんでした。しかしその身の、磁器みたいに半透明で不気味な綺麗さは覚えています。免許を持つ料理人はフグから肝臓と卵巣を他の箇所を汚染しないで取り出す技術が要求されます。わざと軽い毒性を味わいたがる通もいるそうですが、日本人はそれを楽しむだけで、その毒物の化学構造を突き止めようとはしませんでしたね。それを同定したのは米国人でした。日本人はフグの神秘を、まだ残しておきたかったのでしょう。

さて、キップリング一行が川に沿って進んでいくと、数十の小さな、足を組んだ仏陀みたいな像が並んでいました。しかしよく見ると仏陀ではなく、しかも各々が異なる像で、腕を組んで、幾つもの小石を抱えています。明らかに信心深い人々が積んでいくようです。通りがかった人に聞くと、

「これらは幾つもの神様の像で、空の上で小さな子供たちと遊んでいる姿です。神様は子供たちに物語を語り、子供たちに小石の家を建てているのです。神様の腕に小石が積まれているのは、

神様が子供たちを面白がらすのを忘れさせないため、あるいは神様の評判が落ちるのを避けるためです」

キップリングはその話を、福音書の真実のように信じたい、と言います。そして考えます。

「小さな子供と遊ぶ神様を発明できるのは、日本人しかいまい」

キップリングは長崎に上陸した時から、日本人の芸術性と、子供に対する態度によく触れています。

（実は私は、日本人の子供みたいな魂が、日本人の職人芸を生み、引いては芸術性を生むのだと思っています）。

キップリングはこうも言います。

「イギリス人なら、これら、幾つかの根付を買い、すでに込み合った飾り棚の上に置き、象牙の粒として展覧し、一週間の内に忘れてしまうだろうに、日本人はそれらを綺麗な錦織り、または、しっとりした漆箱に隠しておき、同趣味の三人の友人がお茶を飲みに来るまでは、誰にも見せないで仕舞っておくだろう」

そして教授と共にそこを去る時には、新たに嘆きました。

「こんな国民が憲法を設定しなければならないなんて、そして、若者の十人に一人に、体に合わない西洋服を着させるなんて……」

　実際、キップリングとヒル教授が長崎に着いたのは、一八八九年に明治憲法が発布された直後で、身に合わない西洋服を着た役人に応対され、日本憲法は何で、そんなみっともない服装を着るように義務付けたのだろう、と皮肉っています。

　ヒル教授は言います。

「こりゃ儲けになるぞ！　日本に対して国際宗主権を設立し、侵略や併合の恐れを取り除いてあげ、日本には好きなだけお金を払う、そして、我が同胞がそれを学ぶ間は、日本人はただ静かに座って美しい物を作り続ける、という条件を付ければ、我々の儲けになるぞ。日本帝国の全体を硝子の箱に入れ、そこに〝展示物A。競売外〟の札を付ければ、我々の儲けになるぞ」

　キップリングはヒル教授に尋ねます。

「フム、我々とは誰のことだ？」

「オー、我々一般だよ、世界中のヨーロッパ人だ。我が職人達でも、少数はある線で同じくらいの良い仕事をする。しかし欧州には、町全体が清潔な、有能な、上品な、設計能力のある人々で溢れているような所はないよ」

　キップリングは言います。

「東京に行こう、そしてそのことを天皇陛下に上申しようじゃないか」

しかし、ヒル教授は答えます。

「まずは、日本の劇場を観に行こう。この旅で本当に政治を始めるには、まだ早すぎる」

大阪城に行った時、石壁を結ぼうとする試みがなく、しかも継ぎ目に欠陥がないのに驚きます。キップリングは自分の回りに聳える石切り場に恐れ慄いて叫びます。

「あの小さな日本人がこれを建てたのか！」

「何という石工術か」

ヒル教授はブツブツ呟きます。特に彼らが驚いたのは、その設計です。装飾品はなく、色もなく、ただ、野性的な強さの探求と、輪郭の極限的な純正さだけです。

次にキップリングは産業展覧会に連れて行かれ、こう述べます。

「不幸にして日本人はこれら全てを自分のためだけに作り、それに満足している。少なくとも仕上げに関しては、彼らは西洋人から学ぶ物は何もない。彼らは本能から、品物を趣味良く箱入れして積むやり方を知っている」

キップリングは子供心の日本を離れ、米国に入った時には、自分で回りを注意し、ホテルでは部屋に鍵をかけ、値打ちのある物は金庫に入れなければならず、日本のオトヨさんを思って密かに泣いた、と書いています。

私は見つけ損ないましたが、リシャール・コラース氏によれば、キップリングはこう述べているそうです。

「日本は、筆での表現で汚すには、あまりに美味すぎる」

ここでの〝美味すぎる〟とは、〝魅力的すぎる〟を比喩的に言ったものでしょう。

フランスの外交官兼作家のポール・クローデルも、キップリングに近いことを言った人です。

彼は友人のポール・ヴァレリーに手紙を送り、だいたい次ぎのようなことを述べたそうです（神社新報社）。

「私が決して滅びてもらいたくない国民が一つある。それは日本人だ。これほど魅力的な太古からの文明を、消滅させてはなるまい。日本は驚くべき発展を遂げたが、それは当然で、他のいかなる国民にもこれほどの資格はない。日本人たちは貧乏だ、しかし高貴だ、あんなに人口が多いのに」

それは太平洋戦争も末期に近い一九四三年の話で、日本の敗戦が近づいたのがわかっていたのでしょう。

それはクローデルが友人に宛てた手紙ですから、日本人へのお世辞で言ったのではないことは明らか。ただクローデルは外交官として日本に長く滞在し、下にも置けないもてなしを受け、日光の中禅寺湖畔に夏の家まで持っていた人です。そのような人が日本のファンになるのは、ある意味では当然で、その人が日本を礼賛したとしても、客観的な評価だったとは、必ずしも言えない気がします。

それより私が重きを置くのは、キップリング、それに次に述べるアインシュタインのような、日本に短期滞在しただけで、日本とは特別の絆のない素人が、日本を見ただけで得た第一印象です。

アインシュタインの告白

ヨーロッパ人が日本人に興味を持つのは、自分らと違う考え方を持っているからです。アインシュタインは日本の出版社とある思想家の招待で、一九二二年の夏にマルセイユから日本に向け、ほぼ半年の船旅に出発しました。友人たちはその間に彼がノーベル賞を受賞し、ストックホルムに招待されるだろうと予想し、その招待船旅を辞退するように勧告しましたが、アインシュタインは考えを変えませんでした。アインシュタインが相対性原理を発表したのは一九一五年ですが、あまりに人間の本能に反するので、ノーベル委員会はうまく理解できず、ノーベル賞はもらえませんでした。やっと一九二一年になって、ノーベル委員会は過去の誤りを取り返そうと、アインシュタインの別の、比較的に些細な功績にノーベル賞を与えようとしたからです。アインシュタインはそのようなノーベル委員会を軽蔑していたのかも知れません。結局は日本に着く前、上海かそこらにいる時に受賞の知らせを受け取りましたが、アインシュタインが書いていた日記には、そのことには一筆も触れていません。ノーベル委員会をそれほど軽蔑していたのでしょうか。

アインシュタインは日本滞在の終わりに近くなって、二人の息子に宛てて手紙を書きました(2)。

「日本人がとても気に入った……私が今までに会ったどの国民よりも良い……静かで、慎み深く、頭が良く、芸術に眼があり、そして思いやりがあり、何事をやるにも体裁のためではなく、むしろ、あらゆることを本質のためにやる」

これは招待してくれた日本人の前で述べた礼辞ではありません。二人の息子に宛てた手紙の内容であり、もともとは他人に知られる筋合いのものではなかった内容です。

さらに日本滞在のほぼ最後の日、宮島に案内されて弥山《みせん》の頂上に着いて、こう言います。

「……他のどの国民にもないような純粋な（日本人の）魂に囲まれ……。誰もがこの国を愛し、尊敬すべきだ」

そう言った時には広島市が目の前に見え、その真ん中にある頑丈な建物〝広島県産業奨励館〟が見えたかも知れません。

一九二二年の十二月末に日本を離れ、帰路の船の上で、友人の物理学者のニールス・ボーア（アインシュタインに次いで、一九二二年度のノーベル賞を得たデンマーク人）に手紙を出し、こう述べています。

「自分の今回の旅行は素晴らしいものだ。僕は日本と日本人に魅せられた」

これも友人への私的な手紙の中で書いた文章なので、日本人へのお世辞ではありません。

一九二三年、アインシュタインは西洋と日本を比較したエッセイを発表し、その中でこう書いています。

「西洋の文化の特徴は、個人主義の極限で、できるだけの贅沢と道楽を得るために、喉を裂くような競争をして各人が最高のエネルギーを使い、熱に浮かれたように労力を費やす。

日本人の特徴は、調和と平静さ、社会的規律によって強化された、強い家族の絆と公衆の礼儀正しさ……日本人が西欧の知的な成就に感嘆するのは正しく、また大きな理想を持って成功裡に科学に没頭している。しかしそのせいで、西欧より優れるその偉大な業績を純粋に保つのを忘れないで欲しい……、つまり、個人使用のために、人生を芸術的に形造ること、慎み深さ、見栄を張らないことなど、そして日本人の魂の純粋さと穏やかさ」

一カ月半に満たない日本滞在で、日本人の特徴、そうでなくても日本人が本能的に理想としている像を見抜いたのは、さすがにアインシュタインです。

しかしその後、日本は満洲へ侵攻し、アインシュタインはドイツを逃れて米国民となりました。その後にアインシュタインは米国戦時抵抗リーグの名誉総裁になっており、日本との戦争を終わらせるために経済ボイコットをするように提案しました。しかし、結局は原爆が落とされ、広島県産業奨励館のドームは、唯一焼け残った建物となりました。

アインシュタインがその写真をみたかどうかはわかりませんが、日本に原爆が投下されたことを知って、ただ、三つの音節だけ口に出しました。

「悲痛、それだ、私は」

本人が有名なE＝mxC2の方程式を発表し、それが広島に落とした原爆の開発に寄与していたからです

これは後日談ですが、アインシュタインが帝国ホテルの部屋に入った時、使いの者が配達にやって来ました。チップを上げようとしたら使いの者がそれを辞退したか、または小銭がなかったか、しかしアインシュタインはお礼をしたかったので、ホテルの手紙の用紙を取って何か書き

込み、

「これを持っておけば、将来に価値が出るかもしれない」

と言って使いの者に渡しました。そこにはドイツ語で、一枚目の紙に〝静かで質素な生き方は、いつも休みなく成功を追うより大きな幸せを齎す〟、そして二枚目の紙に〝意志がある処には、道がある〟と書いてありました。その紙片は二〇一七年、イスラエルでの競売で、百六十万ドルで売れたそうです。

日本人の、ダーウィン流の進化

チャールス・ダーウィンは二十二歳の時、英国官用ビーグル号に乗って南米に向かって航海し、あることを発見しました。あのガラパゴス諸島に上陸した時です。その島に生息する動物たちは一見して、六百マイル（千百キロ以上）離れた南米大陸の動物たちと概して似ていましたが、違いもありました。しかも、諸島の島ごとに少しずつ違うのです。つまりは南米大陸からやって来た動物たちは、異なる環境のせいで変わっていったのです。

ダーウィンが、ガラパゴス諸島の島ごとに採集した小島〝カマハシ〟の嘴を比べてみると、島ごとに嘴の長さや曲がり方が少しずつ異なっていました。それは島ごとに異なる食料事情のせいであり、小鳥は、口で餌を漁る時の難しさに適応して、嘴の形が異なってきた、そんな小鳥だけが生き延びて来たらしいのです。

　結局は自分を変えずに自然を征服しようとする鳥（西洋型）より、自分を環境にうまく適応させる鳥（日本型）の方が生き延びるのでしょうか。これは私の想像に過ぎませんが、米作で田植えをするのに慣れてくると、足が短くて上体が長いほうが、足が長くて上体が短い人よりずっと便利がよいに違いありません。

　これはアフリカの暑い太陽の元で育った人が寒帯の人より色が黒くなるのと同じように明らかなことでしょう。砂漠地方に住む人は湿気を吸うために鼻孔が大きくなると言います。湿気が多いと、その吸入を減らすために鼻が低く、鼻孔が小さくなる方が、その逆よりも環境に同化できるに違いありません。

　私は小笠原諸島のことを考えてしまいます‥この諸島は日本本土から千キロ離れていますから、ガラパゴス諸島が南米大陸から離れている距離とほとんど同じです、小笠原諸島では東洋系の人達と西洋系の人達が混血しました、恐らく生き残るため、そして子孫を作るための本能からでしょう、ある意味ではダーウィンの考えた進化なのでしょうか、もし誰かが諸島の島ごとにアホウドリやモズの嘴を調べたら、形が違っていたかなあ、と。

ダーウィンの進化論では、

「生物の特徴は偶然に生まれて変種となり、その特徴は子孫へ伝えられるが、存続に適した変種だけが環境によって選び出される」

これがいわゆる〝自然淘汰〟です。

日本人の、ラマルク流の進化

ジャン＝バティスト・ラマルクはダーウィンの約五十年の先輩であり、進化論での論敵になります。ラマルクは、

「環境が各生物に得になる変化を齎し、その変化が子孫へ伝えられる」

キリンの首が長いのは、喬木のてっぺんの、他の動物があり付けない葉っぱを食おうと、繰り返し首を伸ばしている内に、少しずつ首が長くなり、その代々の特徴が子孫へ伝えられ、積み重なった結果である、というものです。いわゆる〝後天性特徴の遺伝〟です。

しかし最近は、新たに〝性的淘汰〟の説が有力になりました。キリンは敵と戦う時は、長い首を振り子として使うことが知られています。それゆえ首は長い方が殴打力が強くなり、争いに勝った雄だけが雌にありつける訳です。それが代々続くと、キリンの首は段々と長くなるでしょ

う。そうすると、これはダーウィンの〝自然淘汰〟説に近くなります。ラマルクの〝後天性特徴の遺伝〟の理論はダーウィンの〝自然淘汰〟の理論によって否定され、歴史の陰に隠れてしまっていました。

ところが最近になって、〝エピジェネティックス〟の現象が発見されました。〝エピ〟はギリシャ語に由来する、〝の上の〟とか〝の外の〟を意味する前置詞であり、〝ジェネティックス〟はもちろん、遺伝学のことです。このように呼ばれるのは、この現象は通常の遺伝学とは別物で、遺伝子を、その遺伝子配列を変えないまま、その発現の仕方だけを変えるからです。

この〝エピジェネティックス〟によれば、有機化合物では最も簡単なメチル基が、遺伝子にくっ付いて、生物の特性を変えるだけのようなので、生物の生きる環境が大きく影響していることが予想されます。しかも、あまりにも簡単な変異なので、いったい何世代ぐらい続くのか、あるいは半永久的に続くのかと、その永続性が問題になります。ある特徴、例えば昼と夜の律動を制御する遺伝子はものすごく過渡的な特徴ですが、別のある特徴は八世代まで続いた、という報告があります。

ここで、環境が〝エピジェネティックス〟の現象を引き起こすとすれば、それはラマルクの理論に沿う現象なのです。ただ、環境が引き起こす変化は偶然であり、必ずしも良い方向への変化ではなく、しかも過渡的な現象に過ぎない、という点では、ラマルクの考えていた理論には沿いません。

なので〝エピジェネティックス〟による変異は、あくまでも過渡的な遺伝現象であり、遺伝子の突然変異で生じた変種に比べると安定性がありません。つまり、生き物は、〝エピジェネティックス〟により予備的に環境に適応し、次の機会に突然変異が起こって遺伝子配列が変わり、自然淘汰によって正式の〝変種〟になる、そんな機会を窺っている、というのが実情なのでしょう。

ここに〝産婆ヒキガエル〟の例があります。産婆ヒキガエルの番《つがい》は、普通のカエルが水中で交尾するのに対し、陸上で交尾して、雄は陸上でできた卵を抱いて孵化します。しかしその番を箱の中に入れ、熱して乾燥した環境で飼育すると、そのカップルは近くの爽やかな水プールの中で生活し始め、水中で交尾し、雌は水中で産卵し、孵化し始めました。しかも驚いたことに、生まれたオタマジャクシは、大きくなると、それらも水中で交尾し産卵し始めたのです。シャロン・ベグレイ女史によれば、二十世紀の初めのヨーロッパでは、その現象を発見した研究者ポール・カムマラーを誰も信じず、有名科学誌はそれを詐欺だとみなし、カムマラーは数週間後に自殺してしまいましたが、実に彼が〝エピジェネティックス〟の発見者だったらしいのです。

あれやこれや考えると、世界でも特異な日本の地形や気候や生活環境などの条件が日本人の性格、特徴も欠点も、を作り上げたのは間違いなく、その特徴は例え消えてもまた生まれ、世代の繰り返しで少なくとも過渡的には日本人に固定した、と考えてもおかしくはないように思えます。

私が日本の厚生省で研修した時、省の方から、一九四〇年に生まれた日本人は、その前後である一九三九年と一九四一年に生まれた同輩に比べて背が低い、という話を聞いたことがあります。私はすぐに、一九四〇年生まれの子供が太平洋戦争による栄養状況と耐乏生活の影響を最も強く受けた世代なのだろう、と思いました。その後、その話を追認するような情報を見たことはありませんが、そんな現象の信憑性を支持するような話は沢山あります。

一九七〇年代にアメリカに生きる、混血していない日本人の二世や三世は、日本に住む日本人より体格がよいという報告があったし、性格の方だって、ずっと明るく大らかになり、よく〝あれはアメリカナイズされている〟と言うではありませんか。これらは、もし環境や栄養の影響でなければ、いったい何の結果でしょうか。

日本人の遺伝子が語る浪漫の旅

日本人は、縄文人と弥生人が混ざり合ってできた人種だ、と言われます。日本人の起源を調べるのに、今までは言語系、考古学の遺跡、骸骨、歯型などを測定して推定していました。その結果、縄文人の起源はアイヌと琉球人だと考えられ、もともとバイカル湖やアルタイ山脈周辺の北東アジアに住んでいた人種らしい、とわかりました。

すでに一九九一年前迄に、日本人女性系のミトコンドリア遺伝子のＤＮＡ配列が分析され、本州中部の民族（弥生人）は中国のチベット人と漢族（山東半島と上海の間に広がる江蘇地方）のそれに近いことがわかりました（宝来聡博士ら）。最近ではさらに父系の遺伝子の分析も加わって、日本人の起源がずっと正確に言えるようです。

人の遺伝子である染色体は二本の鎖から成り、一本目の鎖は〝デオキシ－リボ核酸〟と呼ばれる四種の塩基（アデニン、シトシン、チミン、グアニンの四種で、それぞれＡ、Ｃ、Ｔ、Ｇと略記される）を幾つも繋いで出来上がる鎖です。二本目の鎖では、一本目の鎖の塩基（つまりＡ、Ｃ、Ｔ、Ｇ）の夫々に化学的に相性のよい塩基（Ａに対してはＴ、Ｃに対してはＧ）が一本目の鎖の塩基の対面に来て、緩やかに結合して二本の鎖から成る染色体（つまり遺伝子）を作ります。空間的には、両者は螺旋状になっています。

これらの塩基は数個、例えば七個が（Ａ－Ａ－Ｇ－Ｃ－Ｃ－Ｔ－Ａ）のように連なって、一つの遺伝記号を作ります。原則として二本目の鎖は最初の鎖に対して相補的な鎖であり、二本の鎖が分かれ、片方の遺伝子が子孫に伝えられる訳です。ところが対面になる二つの塩基の間は緩やかに結合しているだけなので、例えば五番目の塩基Ｃと対になれる塩基は絶対的にＧに限られる訳ではなく、Ｇと同様に塩基Ｃと緩やかな結合を作れる別の塩基Ｔがくっ付き、ＧがＴに置き換わった遺伝記号ができてしまう現象が起こります。その場合、最初の鎖に対して多型化現象が起こった、と言い、変異したその遺伝記号は元の遺伝記号に対して〝対立体〟と呼ばれます。

人類の民族の間では、この多型化現象が起こる頻度が異なり、ある民族では普通に起こる多型化は、別の民族では稀なのが普通です。従って、ある民族の多型化度を計算して、遺伝子の五十パーセントは欧州系だ、という風に判断できます。

一九九四年ごろ、アリゾナ大学のマイケル・ハンマー博士と、日本人も含めた研究者たち（３、４）は、男性遺伝子のＹ染色体の特定の座位にある遺伝子（ＹＡＰ遺伝子と呼ばれる）を基に、前述の多型化現象の内で最も簡単な、一塩基だけの多型化（できた物は一塩基多型と呼ばれる）の頻度を分析しました。一塩基多型とは、貴方と私の遺伝子の間に存在し得る、最も小さな違いです。それだけでは個人には一般に何らの影響も与えないのですが、人間の遺伝子の中にはそれが無数にあり、それらを合わせると色んな影響が現れます。

ＹＡＰ遺伝子は一般にサハラ砂漠以南のアフリカ人に最も高く、次に北アフリカ人とヨーロッパ人に高い因子です。マイケル・ハンマー博士らはＹＡＰ遺伝子が、日本と他のアジア諸国の男性の間でどのように分布しているか、を調べました。

アジアでは殆どの男性には、この遺伝子が全く欠けています。ただし、日本の北方に住むアイヌ民族と、南方の琉球民族（両者とも縄文人の系統）と、チベット人だけが高い頻度で持っており、中央部の日本人（弥生人の系統）は低い頻度でしか持っていません。これは縄文人と弥生人が混血している証拠です。韓国人や台湾人は日本の隣に住んでいるのに、この因子を持っていません。

次に、Ｙ染色体の中の別の遺伝子を調べたら、韓国人の男性が持っており、日本では中央部に住む男性に一般に見出されました。これは上記の観察を確認する訳です。

根井正利博士らは、アジアの男性の内で、この別の遺伝子の頻度を調べたら、モンゴル人には少なく、チベット人に多いことを発見しました。ところがチベット人はアルタイ山脈よりずっと南の方に住んでいますので、その点が疑問でした。しかし今では、チベット人自体が北東アジアから南アジアのチベット高原へ南下して来たという歴史があることがわかり、彼らと日本人との関係が説明できます。

このことから、弥生人の遺伝子は北アジアで発展し、韓国人が所有し、朝鮮半島から日本の中心部に移住したと推定されます。

つまり日本人は、主として北アジアから移民して来た弥生人で、それにアルタイ系の縄文人の血が混ざっていることになります。宝来博士は、日本人は六十五％が弥生人の遺伝子で、三十五％が縄文人の遺伝子だと推定しています。

最後の氷河時代の頃、日本は北から大陸と陸続きであり、西暦前の三万年から一万年の間に大陸から北東アジアからの人間が今の日本列島に移民してきて住み付き、狩猟や漁獲や野草採りで暮らしていました。ところが西暦前の一万年頃に氷河時代が終わり、海面が上がり、大陸と日本との陸路が消えてしまい、日本は島になりました。そのときから西暦前三百年頃の弥生人の到来まで、日本は一万年近くも世界から隔離されていました。その間、アイヌや琉球人、つまり縄文人と呼ばれる日本人が、日本列島の北海道から琉球までを闊歩し回っていたらしい。縄文人は中国より古い、世界で最初の陶器（縄文土器）を作った文化も持っていました。例外的には、縄文の末期にインドや中央アジア、さらには揚子江周辺の福建からの移民が、台湾海路を経て日本に入り、縄文人と混ざったとも想像されるようです。

ヨーロッパでは、現代人のホモ・サピエンスが移住して来てから、先住民のネアンデルタール人は滅亡してしまいました。ヨーロッパ人がアメリカを開拓したときにはアメロ‐インディアンを殺戮し、原則として混血することはありませんでした。評価すべきは、弥生人と縄文人は戦争するのではなく、共存する手段を見つけている点です。この辺もすでに、妥協を求めようとする今の日本人と、戦闘的なヨーロッパ人の差を象徴しているかのようです。

縄文時代は西暦前一万年以上前（根井博士によれば西暦前二万八千年）から、西暦前の三百年頃（人により西暦前二五〇〇年頃）まで続きました。その頃にモンゴル系の朝鮮人が朝鮮半島から船で日本列島に上陸し、中央部に住み付き、今では弥生人と呼ばれる日本人となりました。彼らは水田稲作や織物や金属加工を齎《もたら》し、その内に縄文文化に取って代わったそうです。弥生人は米作ばかりか、織物技術、冶金術を持ち込んできました。言い方を変えれば、日本人は主として農耕民族の遺伝子を持ち、そこにかなりの割合で狩猟民族の遺伝子が混ざっていることになります。すでに述べたように、縄文人（ユーラシア系）と弥生人（韓国、中国系）の割合は三十五％対六十五％だと計算されています（宝来博士）が、両者は日本全土でハッキリ分かれている訳ではなく、北海道や東北では縄文人の遺伝子の割合が六十から八十％なのに、南西部では四十％になります（岡田博士）。現実には純粋なアイヌ人はもういないのかも知れませんが、アイヌには白人を先祖にするハッキリした痕跡が残っているそうです。

一般的に、東北人は体が大きく、相撲や他のスポーツに強いそうですが、それは縄文因子のせいかも知れませんね。

一九八九年、ミシガン大の人類学者C・ローリング・ブレイス博士は、現代の日本人と先史時代の日本人の頭蓋・顔面と歯型を分析し、概ね次のように述べました（5）。

「現代の日本人は、今の韓国、中国、東南アジア人と、紀元前三〇〇年頃に日本に移民した米作民族の〝弥生人〟と類似性がある。それに対し、先史時代の糧食漁り民族の〝縄文人〟は、現代のアイヌ民族の直接の先祖であり、封建時代の武士階級との類似性が強い」

ブレイス博士は、一三三三年夏の鎌倉の戦いで戦死した千人以上の武士の骸骨と歯型を調べた後、さらにこう述べます。

「日本の武士や指導層は実際にはアイヌ、恐らく縄文人の生き残り、の子孫であり、現代の一般的な民衆は弥生人の子孫である」

この説の主張者ブレイス博士は著名な大学の先生で、映画〝影武者〟の三船敏郎の勇姿に、この研究の示唆を得たのかも知れません。事実は遺伝子分析をすれば確認できるようにも思いますが、ブレイス博士は考古学的な証拠の方を重んじるそうで、その分析はなされていません。でも確かに、大陸から稲作を持ってきたのが弥生人であることを思うと、農民の最も自然な候補者は弥生人であり、縄文人は残りの武士と商人になる確率が高かったに違いありません。

二〇一〇年には、一人の日本人の遺伝子の全配列が決定され（6）、フランスの著名な雑誌で、〝日本人の遺伝子、九十九％は他の人間と同じ〟という見出しで報告されました。私はビックリし、元の研究発表を読んでみると〝九十九％以上は人類の遺伝子標準と一致した〟という発表でした。そう言われると、残りの一％弱は他の人種と一致しないのかと思い、私は心配になりました。なぜなら、あらゆる人種は九十九．九％の遺伝子を共有すると言われ、例えば貴方とアラン・ドロンとの遺伝子は千個に一個しか違わないはずなのです！　しかも人間とチンパンジーの遺伝子の差は一％だ、と聞いていました。でもある専門家から、人間とチンパンジーの遺伝子の差は、二人の人間の間の差より十倍は大きいと聞いて、少しは安心しました。

日本の研究者の述べた〝九十九％以上〟は、理論的には〝九十九．九％〟をも含む訳なので、心配する必要はなかったのです。言い方の問題ですよね。私はある意味で、とても日本的な言い方だな、と思いました。

どうも、日本民族は、国粋主義者が考えたがるような特殊な民族ではなく、色んな民族が日本に来て、日本の自然環境が日本人の今の〝ニホニチュード〟を作った、と言えそうです。

しかも、それもある程度までです。なぜなら、大陸にくっ付いた半島にいる韓国民族は、日本語に近い韓国語を持ち、日本人と共通する規律性、年功序列、丁寧さ、手軽さ、謙譲さの文化を持っているようですね？　日本と韓国が共有する、仏教や孔子や老子の教えのせいかも知れませんが。

II

日本人の脳にある〝間《ま》〟

ヨーロッパ人では、右脳は論理機能（合理性）を司り、左脳は情感機能を担当すると言われますが、日本人の脳では、両方の活動とも左脳が行うそうです。そうすると、日本人は左脳で合理的な仕事をしている間でも、情感的な機能が関与してくる可能性があるのでしょう。合理的な海に浮かぶ、情感の島！　合理的な機能の中では、〝間《ま》〟となって現れるのでしょうか。そうすれば、その〝間〟がヨーロッパ人とは違う、日本人の論理や哲学や芸術を生むのでしょうか？　実際、そう考えてしまえば、いろんなことがうまく説明できるように思えるのです。

日本人は商売の契約や何やで、本来は経済的な合理性と論理性で締結すべき契約交渉でも、その雰囲気に窒息しそうになり、息抜きをするためか、しばしば〝双方とも善意で……に努力する〟とか〝実現に邁進する〟とか、経済的には意味のない、情感的な文章を挿入しようとします。あるいは、会社に、ある無能な人がいたとしても、その人を簡単に首にするより、その人にもっと向いた別の仕事を探して上げようとするようです。

宛先を探す時もそうです。日本人は理論的に系統化するのを好まず、丁目と番地を見つけた後は、番地の区画の周りを回りながら見つける方を好むのです。つまり、探しているときを楽しんでいるのです。そのためには子供のような無邪気さを持って、無重力状態で町をグルグルと歩き回ります。それは俳句や和歌を作る際に、よい言葉を探し求める時の心境にも似るのでしょう。

私はある工事現場に通りかかりました。車道の半分が閉じられ、一方通行しなければならないので、工事現場を挟む両脇に臨時の信号が立てられ、片側が青信号なら他方は赤、という風に交互に車を通していました。それは普通の光景ですが、特殊なのは、両側の信号機の横には、それぞれカーキ色の作業服で身を固め、鉄兜で頭を守った作業員がいて、赤旗と白旗を両手に、信号が赤になると口にした笛を吹き、同時に赤旗を振って車を止め、青になると白旗を振って車を急かしたりしているのです。子供の歩行横断を助けている訳でもないので、普通なら仮設の信号機だけで充分でしょう。ヨーロッパ人の頭では、この二人は完全に無駄な仕事をしているのです。

実際、日本人は経済のことなんか、全く重視していないのです。二人は真面目に、しかし楽しそうに笛を吹いていました。

一九九〇年近く、電子化の進んだ日本で、駅の改札で切符の孔開け器をカチカチさせる駅員が名残り惜しそうに残っていたのも、携帯計算器が普及した日本で、まだそろばんを使う人が多かったのも思い出します。

あるアメリカ人の報道者が述べていましたが、道路で五人の作業員がマンホールで作業しているのに、実際に仕事しているのは二人だけで、他の三人はじっと見守っているだけでした。しかし、気分を集中し、働く二人を見守っているのです。それが仕事なのです。日本人は経済活動でも市民としての協調性を重視し、単なる利益の追求より上に置いているのでしょう。

これらの態度は、日本人の左脳の中で、合理的な機能が働いている間でも、情緒的な機能の門も開いているせいだ、と私には思えてなりません。それが私の言いたい〝間〟なのです。

正にその〝間〟を取った考えが、西洋人の気が付かなかった〝ウマミ（旨味）〟を発見した原因ではないでしょうか。それまでは、〝甘い〟、〝塩辛い〟、〝酸っぱい〟、〝苦い〟などハッキリとした味には、英仏独語の辞書に相当する単語があり、ちゃんと定義されていました。しかし〝ウマミ〟となると欧米には単語さえなく、この味が世界で認められるまでには、何十年もかかっています。

〝蛸壺《たこつぼ》〟の症状も、欧州人が見逃していた現象で、日本人の〝間〟が発見した症候群だ、と私は思います。〝蛸壺〟とは、情緒的な衝撃を受けた、特に更年期に入った女性に多い〝傷心症候群〟であり、心臓の左心室の動脈閉鎖によって起こされ、日本の伝統的な蛸壺を思わせるので、日本人の発見者がこう名付けたものですが、外国ではなかなか認められませんでした。外国語にはうまい言葉がないので、日本語がそのまま学術語として使われています。

〝間〟は儚い芸術を生む？

フランス人は〝エスプリ〟と〝会話術〟を発明し、イギリス人は〝ユーモア〟と〝科学〟を発明し、ドイツ人は〝哲学〟と〝古典音楽〟を発明しました。

科学を発展させたのはドイツだ、という人もいるでしょう。しかしドイツの技術傾倒は割に最近の話で、ある意味ではフランスの責任でした。一八〇六年、プロイセン王のフレデリック・ウイルヘルム三世がナポレオン軍に敗退した後、失地回復のために科学を振興したからです。フレデリック・ルメートル氏によれば、この世紀の終わり、イギリスはドイツからのむしろ低級の輸入品に脅かされ、ドイツからの輸入品にはメイド・イン・ジャーマニーという記載を付ける法律を作りました。消費者がこれらの低級品を買うのを避けさせるためでした。今ではドイツ製品は高級品の象徴です。この話は一時期のヨーロッパでの、日本からの輸入品に対する偏見の物語を思わせますね。

それに対して日本人は〝間〟と〝沈黙〟を発明したと言えます。しかしこれはヨーロッパ人から見れば、正ではなくて負の特徴であり、陽に対する陰であり、むしろ知的欠陥に近い代物でした！

日本人がヨーロッパ人と違うのは、間を取ったり沈黙したりする術を心得ており、その間に夢を描いていることです。日本人は夢を芸術の極にまで高めた国民です。夢はすでに九世紀に書かれた万葉集で謳われ、続く平安時代にも謳われ続けているからです。

日本の方はご存じのように、〝人〟と〝夢〟を合わせると〝儚い〟という漢字になりますね。千年も生きる菩提樹の木陰で休んでいると、人生は夢みたいに短く、儚いものであることがわかります。シミズ・カツオ氏によれば、九世紀に小野小町が詩の中で夢を謳い、十一世紀の初めには紫式部が源氏物語で夢を語り、和泉式部も詩の中で夢を謳っています。

そんな歴史が語るように、芸術の分野でも、日本人は儚い芸術に特に優れているように思います。

まず、食文化。夢をかけて一生懸命に作った食事は、食べてしまえば儚い夢のように消えてなくなる。二度と同じ物は作れません。それでも日本人シェフは、このヨーロッパで夢を描き続けます。フランス料理では二〇二〇年、小林圭が、外国人では珍しい、東洋人としては初めての、ミッシュランで三ツ星を獲りました。パティスリーでは二〇一八年と二〇一九年、吉田守秀がテレビの菓子作り職人の競争番組で最高賞を獲りました。二〇一七年、成澤《なるさわ》芽衣《めい》がフランスの伝統バゲット（フランスパン）の国家コンクールで最高賞を獲りました。女性としても、外国人としても初めての快挙！

バゲットばかりではない。二〇一〇年代になってから、日本人は食飲料で国際賞を獲り続けます。フランス語のカタカナ読みで「パテ・アン・クルート」と呼ばれるパテ料理で、吉富力《チカ》良《ラ》、塚本治、福田耕平などは、それぞれ世界選手権を獲りました。これは、豚肉、子牛、鶏肉、フォワ・グラ、ゼリーなどをモザイク状に並置した中身を固パンで包み、ほぼ直方体の食パンに近い形にし、食パンみたいに切り取りながら食べる物です。

さらに日本人シェフは、バスク地方のガレットや、ブルターニュ地方のクレープまで作り始めました。

二〇一四年、シェフの関根拓や稲沢孝雄などはフーデイング（ストリート・フード）で大成功、関根拓の店は二〇一六年にガイド〝フーデイング〟で最高の店と指定され、第一人者になったけど、バッシングにあい、残念なことに自殺してしまった！

そして日本料理！　日本人はヨーロッパ人に、〝口〟と〝眼〟と〝音〟と〝速度〟で食べる楽しみを教えました。これは全く新しい食事の仕方でした。ラーメンやウドンやソバなら、今やヨーロッパ人はわざと音を立て、ズルズルと吸い込みます。その食べ方を表現するのに適切で簡単なフランス語がないので、フランス人は英語の擬声語の動詞を借りてきて〝slurper〟（英語では slurp）と言います。

モードも、流行が過ぎれば消えてなくなるものです。洋装界では一九六〇年代からの、森英恵、高田賢三、三宅一生などの活躍はご存じの通りです。

その陰になっていたけど、山本耀司《ヨウジ》は１９８０年代の初めに反逆者として出現し、〝曖昧で分類しにくい〟と特別視され、同時に〝洗練された、最小造形派〟と評されました。一九八九年にはドイツの著名な映画監督ヴィム・ヴェンダースが山本氏について〝Carnets de notes sur vetements et villes（衣装と街に関する控え帳）〟という映画を作りました。異例なことです。山本氏はそのコレクションの中に〝Temps（時）〟と〝Epoque（時代）〟を表現しようとしている、と言われます。

二〇一〇年代には日本人とフランス人の対が雑貨屋みたいな店〝キツネ〟を開店し、庶民的なシャツや帽子からコーヒーまで、広く販売して成功しています。

モードは主に女性のために生まれたのですが、それを作るのは殆どが男性だというのは皮肉な現象でした。一筆に値するのは、それに謀反を起こしたのが、非常に控え目な日本女性の洋装家でした。森英恵や、〝コム・デ・ギャルソン〟の商標を使うコシノ・ジュンコがそうですね。

ヨーロッパの女性が衣装を買ったり、外出着を選んだりする時には、自分がなりたい女性の姿を想像しながら選びます。ヨーロッパの女性は常に自分に適する形や色を探しています。そのためには常に他の女性を観察し、自分の個性を見直して選ぶのが普通です。

でも日本の女性は、そんなことには無頓着なようです。日本の女性は素敵な他人を見ると、素敵だな、と思っても、大多数は、自分でどうこうしようとは思わないようですね。

西洋のファッションでは、自分の体形の曲線を強調するようにデザインされ、それをオート・クチュール（高級仕立て、または高級注文服）と呼びます。少し尊大に聞こえますね。

日本の女性は、普通には西洋女性みたいな曲線は持っていない。そのせいかどうか、日本のデザイナーは女性の曲線を強調するより、織物とその組み立てを基にデザインするようです。それは一般に、どんな女性にも合うのです。つまり、デザインへの接近法が、着物を体に合わせる西洋式とは逆に、体を着物に合わせようとするように思えます。なので、本質的にプレ・タ・ポルテ（そのまま着れる服、または高級既製服）とも言え、とても慎み深く感じます。でも、日本人のよいところは、オート・クチュールとプレ・タ・ポルテの違いなんて、変な階級制にほとんど拘らないところでしょうね。

そのような日本的な視点からの接近法は、西洋のデザイナー達を驚かしたに違いありません。例の、自然を人間の都合に合わせようとするより、人間を自然に合わせようとする原則を思い出させます。

写真芸術も、行き去る瞬間を捕らえるという意味で、儚い芸術でしょう。日本人の写真家は長いこと世界から無視されていましたが、急にその重要さが発見されたようです。一九五〇年代に活躍した木村伊兵衛《いへい》や植田正治《しょうじ》から、荒木経惟《のぶよし》や森山大道《だいどう》らを経て、最近の篠山紀信《きしん》は若い作曲家にまで影響を与える位だし、杉本博司は写真のためにヴェルサイユ宮殿で茶会を催したほどです。二〇二一年、パリにあるヨーロッパ写真館は、日本人の写真家だけに集中した写真展を開催したばかりです。

ある意味では、建築やデザインも儚い芸術でしょう。日本の家屋は二十年か三十年で改築されるので、決して永遠の芸術ではありません。特に日本の建築家は木材や紙を多用します。

そして最後に、読んでは捨てる儚い漫画の世界を作りました。

でも日本人には、夢の現象を分析しようなどという野暮な気持ちは起こらないようです。それを始めたのは野暮な西洋人であり、十九世紀末から二十世紀にかけてのシグムンド・フロイドであり、最近では遺伝学者のフランシス・クリックでした。

一九三三年、すでに谷崎潤一郎氏が〝陰翳礼賛〟を著し、その本は一九七七年になって、やっと米国の日本学者エドワード・サイデンステッカーと仏国の日本学者ルネ・シーフェールがほぼ同時に、それぞれ英語と仏語に翻訳しました。日本人の性格を世界に紹介し、欧米で評判になりました。

それはヨーロッパの教会と日本の寺院での鐘の鳴らし方にも表れます。ヨーロッパでは強く打って町の人々を起こし、アッケラカンに明るいのに、日本ではまず鐘を撞こうとしても紐で牽制され、強く打てません。音は一段階遅れて発信し、低くて深く、空気で薄められ、〝耳へ〟ではなく、直接に〝腹の中〟へ入って行きます。音は暗く、えらく陰々滅々としています。ヨーロッパの鐘と日本の鐘は、まさに日向の文化と日陰の文化を象徴しています。

日本人の建築家は今でこそ世界を風靡していますが、独自の味を発揮し始めたのは戦後のようですね。前川國男と坂倉準三はパリに事務所を構えていたル・コルビュジエに師事し、戦後の日本に近代建築を持ちこんだと言われますが、弟子に丹下健三や木村俊彦がおり、みな東大出身なので、東大派とも言えるのでしょう。彼らを経て、やはりル・コルビュジエに影響された独学の安藤忠雄が現れました。これらの建築家は、世界的な成功を収めましたが、今考えてみると、ル・コルビュジエは、私の友人ジャン－ピエールの格言〝お椀の漆の上塗り〟の役を果たしたのかも知れません。つまり、お椀に漆を上塗りするように、日本人は自分の本能を隠し、外国からの影響を受け入れ続けている。

二十一世紀初めになって、日本の建築家は、谷崎潤一郎の礼賛した日本の建築の伝統を現代風に実現し始めました。

隈《くま》研《けん》吾《ご》。材料を選んだ後に建築計画を立てる風。コンクリートに鉄を埋めた鉄筋コンクリートに替え、竹筒にコンクリートを流し込んで天然コンクリートを考案し、和紙を強化して家の外郭を作る。競技場の吊し天井に大量の日本杉を使い、通気はほとんど自然通風、光は重ね合わせた層を通って拡散し、雨音は囁くように聞こえて来る……。そんな構想で、彼はオリンピックの競技場や鉄道の駅を作ってしまう（ル・モンド紙のフィリップ・ポンス氏の記事をも参照）！

藤本壮介。人間生活の起源である自然を求めて、機能的な村の生活を一つの建物の中に再現し、森の中にその村を浮かばせる。全てが軽く、隙間が感じられ、木材や植木で自然と調和させる。

坂茂《ばんしげる》。特殊加工した紙管を使って、白川郷の藁葺の家みたいに、屋根を陵から地面までA字型に建てて支持力を高め、教会、集会所、避難所などを仮設し、天井からは外の柔らかな光が入ってくる……。ロシアとウクライナの戦争ではポーランドにウクライナからの避難民用に紙製の簡易寝起き場を作りました。氏の場合は、もう建築家の域を越し、緊急救済の社会事業かも知れません。

これらの建築やデザインは、新技術の応用能力や職人芸的な技巧などの他に、日本人の、過ぎ去る時への儚い思いを馳せた軽い建築が、他の国の建築とは異なる物を作り出している、そのように私には思えます。

間《ま》が〝モノの哀れ〟を生む？

二〇二二年のカトリック系の雑誌〝四旬節〟に、日本の〝金継ぎ〟の記事が現れました。私は宗教が〝金継ぎ〟の技術をどうみなしたのか、興味が湧いたので読んでみると、こう説明してありました。

「金継ぎとは日本芸術であり、割れた陶磁器を金の繋ぎ目で再構築するものです。修繕した後は金で高められ、各々の欠片は独特な物になります。このように、皿や花瓶や平皿を修繕しながら、私は聖詩作者と共に祈ることができます〝主よ、壊れた心を治し、その傷を癒し給え〟」

実際には割れた破片は漆で繋ぎ、その表面を金粉で飾るのでしょうが、宗教上の観点からは、そんな詳細は必要ではなかったのでしょう。

ヨーロッパ的な考えでは、割れた陶磁器は寿命が終わった物として、可哀そうでもごみ箱に入る運命しか残っていません。ところが日本人は、それを哀れに感じ、何とかして元に戻そう、または、それに等しい姿に戻し、再使用するか装飾品にしたい、と考えたのです。そこで不完全な美、あるいはハプニングの美（これは故意であってもよい）を発明したのです。〝金継ぎ〟の技術は、正にそのような傷を治して、不完全な物でも、不完全の美を実現した姿でしょうか。

〝間《ま》〟は、場合によっては、日本語でしか定義できないような感情を表現するように思えます。その〝間〟が〝侘び〟や〝寂び〟の感覚を生むと考えてはどうでしょうか。侘びが〝わざと単純そうに見せて表現した、慎ましい簡素さの優雅な美しさみたいな物〟を意味し、寂びが〝去った時が与えた傷みたいな物〟を指すとすれば、前者は何かしら質素すぎる物への言い訳、後者は未完成で不完全な物への言い訳、まさに非常に日本的な〝言い訳〟の世界、これも〝間《ま》〟から出たものであるように思えます。

小柄礼賛

ダーウィンの進化論によれば、男は大きくて強い方が女を惹きつけ、子孫も増えるので、日本人の男の体が小さいことは人間の進化に不利なのでしょうか。日本人の女性にはそのような不利はないのでしょうね。しかしラマルク流の、環境への適応による進化の可能性もありそうです。

人の身長の二十%は環境によって決定されると言われます。そしてたったの十%だけが遺伝子配列の違いに依存するそうです。

すると残りの七十%はどこから来るのでしょうか？　〝エピジェネティックス〟がその欠けた部分を説明してくれるでしょうか？　確かに〝エピジェネティックス〟は環境の変化をよく摑みます。例えばオランダには低地しかないので、ヨーロッパで最も背の高い人種を生み、逆に山岳地帯はスイス人みたいに、むしろ背の中庸な人種を作ります。

巨視的に、現代の環境科学の観点から見れば、地上にある資源の浪費や無駄なエネルギー消費を避けなければ、地上の人間の存在が危うくなるでしょう。それなら、人間は小さく、数は少ない方が人類の存続に有利になる。ダーウィンによる自然淘汰の原則も、屈強な男女から、最小限生き延び型の小柄な男女へ方向転換するのでしょうか。環境管理の失敗のせいで、本来は進化するはずの人類が絶滅してしまう話は幾つかあります。

日本人の脚部は、多くの欧米人やアフリカ人と比べれば短いようで、彼らはお尻と腰を支点にして脚部を動かしますが、日本人は主として、膝を支点にして足を動かしますね。椅子なしで畳に座って生活していたからそうなったのか、あるいは脚部がもともと短かったので椅子なんか不要で、畳に座った方が便利だったのか、これは鶏と卵の論争になりますが、フットボールの球を蹴る時には強さが出なくても、小技は利くし、特に、田植えをするには持って来いです。

　また、脚部が短いことは、床に座ってやるあらゆる芸術に向いているでしょうね。キップリングは日本旅行した際に、〝小さな日本人〟という言葉を連発しますが、これは見下げているからではなく、その芸術性を称賛するために、愛着を込めて使っています。確かに芸術に関しては小柄で器用に動き回れる方が繊細な作品を残せるのかも知れません。

　伝統的には日本人の特徴は、世界の経済発展国（例えばＯＥＣＤ加盟国）に比べて、癌と心臓病が少ないことです。しかし脳血管病（血液が脳に達しなくなって起こる）は世界の進歩国の中では一番多かった。そして寿命は、一九七〇年までは平均的水準に過ぎませんでした。ところが一九七〇年から一九九〇年にかけ、日本人の脳血管病による死亡はＯＥＣＤ平均にまで下がり、持ち前の心臓病の少なさと、新たに脳溢血の減少が加わり、日本人の寿命は急激に伸びました。

　二〇二〇年の片桐博士らの研究では、発酵大豆（納豆と味噌）は心臓血管系の病気を減らし、寿命を延ばしてくれますが、発酵していないトウフや油揚げでは効果はないそうです。余談ですが、ヨーロッパ人は納豆が苦手で、二〇一九年にはフランスのナーント市に〝ゾッとする食物の博物館〟が開催され、ハムスターの丸焼きなど約八十種の中に納豆が展示されたそうです。私は慣れるのに数年かかり、とても食べやすい〝納豆ノリ巻き〟が発明されたお陰で、やっとナットーに抵抗が無くなりました。

　日本人が長寿になった理由は？　薬のせいで、世界的に血圧抑制が低下したせいかも知れない。日本人は千二百年もの間、肉食を禁じられていたし、今でも肉と乳製品（飽和脂肪酸が心臓病に関係する）をあまり食べないせいかもしれない。赤肉製品を食べ過ぎると脳溢血を起こすけど、少なすぎると血管壁に必要なコレステロールが足りなくなります。例えば菜食主義者は、心臓病には罹り難いけど脳溢血には罹り易い、つまり、これまでの日本人と同じ傾向を示します。日本の地方でも、食事様式が異なり、肉片やクリームを食べる地方では脳血管病による死亡が少なく、それらをあまり食べない地方では脳溢血が多い。つまり日本人は、血管を強くするために肉と乳製品を食べた方が良いけど、血管が詰まるほど食べてはいけないようです。高価すぎてあまりあり付けない和牛を、時々食べている位が一番良いのでしょうか。

　日本は西洋から法律や武器や産業を学んだ後に、西洋人より体が小さいことを気にして洋食を輸入したと言われます。しかしその洋食も、今ではすっかり日本化されてしまいましたね。欧米人やアフリカ人の体格に追いつくのは大変です。

しかし時世も変わりました。これまでは、すぐ頭に浮かぶことでも、政治的な配慮から言うのを憚ることが沢山ありましたが、今では皆が厚かましくなったので言えますが、環境悪化を叫び、動植物の絶滅を警告する前に、世界の人口を減らし、人間のエネルギー消費を減らすことを考えるべきなのです。最近、ニューヨーク大学とオックスフォード大学の研究者が正にそれを指摘しました。人間をよりエネルギー節約になるように細工するのが有効な方法でしょう。それにはどうするか？　もちろん、人間の体をもっと小さくしたら、省エネルギーに通じるのは明らかです。

地球が四十五億五千万年前にできて以来、九十九・九九％の生物が絶滅し、ヒト属が発生して七百万年、その間に二十二種中の二十一種が絶滅し、現代人になりました（哲学者イヴ・ルコート氏）。

昔々、最長二十メートルに達する巨大鮫と、最長六メートルの白鮫が共存していましたが、巨大鮫の方は二百五十万年前に絶滅し、白鮫は現在まで生き延びています。両者は同じ種類の餌を求めて競合したばかりか、海水の温度変化で餌の魚が減り、体が大きい巨大鮫の方が生き延びられなくなったせいだ、と考えられています（ネイチャー・コミュニケーション）。

地球が飽和して危機に陥り、その保全のためには、限られた天然資源を倹約し、全ての物を小さくして効率よくし、エネルギーの消費を減らさねばなりません。今のところ、家畜はなるべく太らせ、生産性を上げるのが至上命題でしょうが、その家畜は世界の温室ガスの十八％、別の調査では五十％に達するそうです。しかし最も問題なのは、それを利用して食べる人間でしょう。世界には七十億人を超す人間がおり、人間は大きいほど食料とエネルギーを消費し、車に乗っても重いのでエネルギー消費量が増え、靴や絨毯や椅子なども早く擦り切れてしまう。そこで人間の体を小さくして、エネルギー消費を減らすことが環境上は重要でしょう。体が小さければ、地球はそれだけ大きく豊かになる。その点では日本人は均整がとれ、時流に合った民族でしょうね。

自然への怖れから〝入身〟の術へ

日本における自然は、他の人々との関係を保つ手段のようです。桜の花見では酒を飲んだり踊ったりして他の人々との交流の仲介を果し、紅葉見学では家族で散歩、会話しながら鑑賞し、ツツジ鑑賞は友人たちと山道を歩きながら自然を感じ、それぞれの役割は違っても、人と人との絆を結びます。

日本人は自然を小さくして、家の中からでも鑑賞できるようにもします。日本庭園や盆栽がその典型です。自然は学ぶもの。自然を芸術として見るのです。

しかし日本人の自然への態度は曲折し、複雑でもあり、自然そのものを愛好しながら、それを自分の物にしようとします。家の内部と外との関係、それらが相互に干渉し合う度合いが重要なのでしょう。合気道での〝入身〟とは、相手のエネルギー力を交わし、自分の利益になるように利用するようですね。その入身みたいなものでしょう。

欧米では、自然は野性的なものであり、挑戦して征服するもの。場合によっては、自然は人間の生活を難しくするものです。自然の中に浸る時はむしろ孤独を感じる時であり、一人でいたい時でしょう。縫い目のないゴム製の長靴は自然の不都合を征服する手段であり、欧州では世紀の発明だ、とみなされました（ただ、足袋型の親指と他の指が分かれた長靴は考えませんでした。これが日本人の詳細に拘る文化なのでしょう）。

日本では町だって、ヨーロッパやアメリカのように都市計画などで作られるのではなく、自然にできるもののようです。なので、東京には小さな村が沢山あり、時にはタクシーさえ入れません。それでも、そこに住む人々には自然の趣が与えられることでしょう。建物も一生続くものではなく、時が来たら消え去り、現在に合わせて再築されます。建物や町は常にその時の機能に合わせて再生されるので、町の中が飽和し窒息してしまう恐れはあまりないのでしょう。空から見れば、計画された美しさはないけど、日本の町の美しさは、町の中に迷って、そこに住んで、または路上を徘徊する時でしょう。家には風呂があっても、それは欧州風に効率的に体を洗うのではなく、家族の皆が同じ湯を使い、その日の苦労を分かち合う憩いの場になるようです。家に風呂がなければ、揃って近くの銭湯に行ってもよい。

　都会は村の集まりです。私は宿泊している〝村〟の家を出て、地域社会を横切り、商店のある町を横切り、都会へ向かって歩き始めます。都会や村の道は全て駅へと向かい、駅がこの群落宇宙の脈どころとなります。都会から都会へ都会から田舎へと移動する時には、欧米みたいに車ではなく、電車や汽車の急行で移動します。次に鈍行に乗り換え、寂れた駅に着く。群衆に囲まれていた自分が、急にたった一人になります。そこからバスに乗り、山の麓で降り、小高い山を登ります。今さっきまで無数の群衆に囲まれ、ぶつかりながら歩いていたのに、一時間後にはただ一人、左右には田んぼや畑が現れ、山の上に登ると、眼の前に太平洋が果てしなく広がる。日本は全てが小作りで、箱庭にいるようで、一時間も歩いていると、出会うのは、自然の中に埋もれた町人町、商い処、木屋、畑、山、川、そして海……。自然には縦と横と深さばかりか、時と空間もあり、ついさっきまでの都会性は一世紀前と変わらない素朴さと重なり合い、時代を遡ったかのような錯覚に陥りました。たったの一時間だけ、横に広がる自然の中に入っただけなのに。

何となくわかります。日本人のそんな自然への、〝心配から生じる惧れ〟や、〝敬いから生じる畏れ〟が。そこから日本人の〝内向性の勇気〟と〝実用主義的な思考〟が育ったに違いありません。

こんな話があります。フランスでのユデ卵の作り方としては、沸騰する湯の中で三分ゆでると半ナマ卵、六分では半熟卵、九分ではユデ卵、という原則がありました。固化する温度は、白身は六十二度、黄身は六十五度なので、柔らかい白身とジェラチン状の黄身を得るには、六十四度の湯で数十分から一時間ゆでるのが良い、とル・モンド紙で紹介されていました。

自然を崇める日本人は、そんな科学を知ってか知らずにか、ずっと昔から〝温泉卵〟として、そんな卵の作り方を実施していたのです。温泉は決して沸騰点には達しないからです。そして二〇〇九年、三ツ星シェフで有名なジョエル・ロビュション師は、ゆっくり温めた卵を〝温泉卵〟としてメニューに入れました。これが丼物のご飯の上で、蕩けるように流れ、美味しく食べられるのです。その後は何人ものシェフが〝温泉卵〟を作るようになりました。

二〇一六年のフランスでは、理想的なユデ卵は六十四度で長い間ゆでてできた卵である、と再発見されたらしく、いま流行りの多くのレストランで、それを〝完全卵〟としてメニューに出しています。

さて、天然痘の話も味がある話です。この病気は古くから知られ、十八世紀中盤、英国軍のジェフリー・アムハースト将軍は、北米大陸でのフランス軍と現地人に対する戦争で、その病原菌を生物武器として使うのを提案したほどです。その頃の天然痘は、ヨーロッパで毎年四十万人ぐらいの死者を出していました。

イギリス人のエドワード・ジェンナーは、人間の天然痘に当たる牛の病気である牛痘、それに感染した乳搾り少女の水泡からウミを取り、それをある少年の腕に注射で接種して天然痘から予防する方法を見出し、それをワクチン（牛痘種）と名付けました。当時はそれがあまりに乱暴な方法だったので、学術誌はその結果の発表を拒絶し、〝貴殿の名誉に関わることですぞ〟とジェンナーに警告したほどでした。

でも日本には、もっと温和な方法が存在していたのです。ジェンナーの成功の六年前、秋月藩の緒方春朔が、清の医薬書から学び、天然痘の患者の瘡ブタから死んだ皮膚を削り取って粉を作り、それを鼻から吸入させて天然痘を予防する鼻幹苗法という人痘法を発明していました。そこにはジェンナーの閃きには及ばないにしても、日本人の根気と細心の職人芸が感じられます。実はこのような日本人の職人芸は、科学技術の分野の至るところで見られるのです。

私の時代には、ヨーロッパの若い女性は避妊薬を用い、失敗して妊娠すると、堕胎が許されているか、またはモグリでも安価にできるスペインやイギリスにまで出掛けて堕胎していました。ただ、私みたいなカトリック教徒には、避妊薬は生き物の芽を摘むことになり、例え合法ではあっても、それを使うのには抵抗がありました。そういう人のためには、ヨーロッパでは〝オギノ式〟という避妊法が知られていました。一九二四年に荻野久作博士が考案した自然な避妊法で、暦法とも呼ばれ、妊娠する危険のある日を暦で計算し、その間は性交を避けるという方法です。

　これらの日本人の発明の特徴は、何れも自然手法に近い点です。自然に対する敬意と服従心がふんだんに感じられます。

　一九九五年の神戸地震では高速道路や建物は破壊され、京都の東寺の近くでも幾つもの住居が破壊されましたが、東寺の五重塔はビクともしませんでした。五重塔は仏教と一緒に、六世紀に中国から日本に入って来た、と言われています。しかし中国の五重塔は石造りで、日本の地震や台風には向きません。日本の大工は、地震に対して地盤を固めるのではなく、自然の力には抗せずに、エネルギーを吸収できる、吊り下がった心柱を使い、塔は揺れても自然に落ち着くように、釣り合わせて平衡させる構造にしているのです。これは相手の力を利用する、日本伝統の武術の原則を思わせますね。

日本人の頭脳

構造人類学の大家クロード・レヴィ＝ストロース翁はユダヤ系のフランス人です。一九八〇年代に前後して、欧州のユダヤ・キリスト教文化の起源であるイスラエルと聖地、及び、日本の九州の霧島や高千穂を訪問し、その後の会合で概ねこんな思い出を語りました（7）。

「ダヴィデの寺院の前より、霧島の山の前での方がずっと深い感動を覚えた」

そして欧州人からの、それは自己嫌悪の表現だ、という批判に対してはこう答えました。

「ユダヤ・キリスト教文化は歴史を神話から切り離したが、日本はいま住んでいる自然の強力さを表現するために、数々の神話をあるがままに維持している」

ご存じのように、キリスト教はユダヤ教の旧約聖書から発展した宗教なので、よく〝ユダヤ・キリスト教文化〟という呼び方をします。

またレヴィ＝ストロース翁は、ほぼこんなことも語りました（7）。

「〝神話の基〟は中央アジアであり、それが一方ではアメリカへ渡り、一方ではヨーロッパに来たと思われ、日本神話はその変種である。欧亜大陸に関しては、〝神話の基〟は西端のフランスと東端の日本へ逆方向に進展し、フランスではモンテーニュやデカルトにみられるように、恐らく他のどの民族よりも、考え方での分析能力と系統的批判を発展させ、日本では他のどの民族よりも、感情と感覚に関する全域において、分析センスと批判エスプリを発展させた」

それからレヴィ＝ストロース翁は、日本人が欧州人とは逆の考えと習慣を持っている、とその例を挙げています。

「日本人は馬には右側から乗り、鋸は自分の方へ引っ張りながら切る。これは西洋の反対になる。陶工は日本では、旋盤を左足で時計回りに回すが、西洋でも中国でも、右足で反時計回りに回す」

それに対し日本のある哲学者は、日本で馬に右側から乗るのは、実際には軍隊で始まった最近の習慣であろう、と注釈しました。

しかし一五八五年に日本を訪れたルイス・フロイス神父（9）はすでに

「我々は左足から馬の鞍に乗るが、日本人はそれを右足からやる」

と述べています。もし馬の左側から右足を使って乗ろうとすれば、普通なら後ろ向きになってしまうので、やはり日本人は昔から、馬には右側から乗っていた、と考えるのが自然のように思えます。

日本人と西洋人の反応の違いを探すには、実はそんな旧い昔に遡って行く必要はありません。現代に起こっている事象を比較しても、両者の間での本能的な反応の違いは、両者の頭が逆回りしていることを示しています。ただ、お椀に漆を上塗りするように、日本人は自分の本能を隠し、外国からの影響を受け入れ続けているようです。

　掌を使って物を数える時、西洋人は一方の拳を貴方の前に突き出し、指を立てながら数えて行き、足りなくなると他方の拳で続けますが、日本人は控え目に掌を開き、指を折り畳みながら数えて行き、足りなくなると折った指を立てて行きますね。

　何かの出発点を決めるとき、西洋人は三、二、一、〇、と引き算式に減らして行きますが、日本人は足し算式に一、二、三で「ハイ」と始めます。もっとも、最近のロケットの発進では、西洋風に逆算していきますが、これは西洋風に合わせているに過ぎないのでしょう。お椀に漆を上塗りしているだけなのです。

　世紀を数える時、西洋風では例えば五〇一年から五九九年までを六世紀だと定義しますが、もし日本人にやらせておれば、恐らく五〇〇年代を五世紀だと定義したことでしょう。これは、頭の構造が引き算式にできているか、足し算式にできているか、の違いかも知れません。

　日本では天皇の代が変わると、前の時代の最後の年が新しい年の一年目になり、通しての年代を数える時には苦労します。しかしこれは、日本の間《ま》の文化、ものの哀れ、愛着心、曖昧さの礼賛、詳細の文化に基づき、どうしても簡素化できない慣習のように思えます。ヨーロッパならとっくの昔に合理化しているでしょうが。

戸口を通る際に西洋人は、戸を開けて身を引き、不格好な恰好をしてでも、女性やお客を先に通そうとしますが、日本人は本能的に、自分が先に通って戸を支えて上げようとします。言わば大名行列で、前を払うようなものでしょう。

西洋では家や部屋から外に出て、外から家や部屋の鍵をかける時は、戸が左開きでも右開きでも、対面の柱の方向へ鍵を上回しに回しますが、一九九七年当時、東京のホテルでは、対面の柱に対して逆の方向へ回すようになっていました。ただ、ホテルに泊まるのは外国人が多いので、今では何もかも対面の柱の方へ回すようになった、と聞きました。

水道の蛇口に関しても同じです。欧州では蛇口から水を出すには取手を下から上方へ上げます。日本では反対に、取手を上から下方へ下げるようになっていました。ただこれも、一九八〇年代頃から欧州風に変えられたようです。

魔法瓶（熱水保存用）では、ロックを青色の方にずらして蓋を押し下げると湯が出て、逆に赤色にずらすとロックが掛かり、湯は出ないようになっていました。もし欧州にも魔法瓶があったとしたら、恐らく逆にしたことでしょう。欧州では、赤は危険以外の何物でもないからです。

ホテルのチリ籠が小さ過ぎるので、読んだ新聞類を籠の横に置いておくと、不在中に部屋に入った掃除人は、それらを纏め、わざわざ机の上に置いていてくれる。欧州なら常識から判断し、塵と一緒に捨ててくれたことでしょうが、日本人は常識には従わず、災いを避ける方を選ぶようです。

駅の上りのエスカレーターが、夕方の八時にはもう下りに変えられているのを見ると、私は衝撃を受けます。上りエスカレーターは階段を上るのが困難な少数の人のためであり、下るのを急ぐ多数の若々しい通勤者のためではないからです。

欧州人は服は汚して洗濯するもの。日本人は服が汚れないように着る。

牡蠣を素手で食べると、西洋人はレモンやアルコールや香水で中和しようとするけど、日本人は立ち上がって、水道水で手を洗うことでしょう。

日本人は定員数を決め、合格者をその範囲に制限するのが好きだけど、欧州人はむしろ一定水準を定め、それを越す者なら何人でも採用する（ただ、エリート校や財政的に制約がある時には限定数を設ける）。

女性らしさの象徴は、西洋人には肉体的な体形でしょうが、日本人はむしろ、精神状態や物腰を考えるでしょう。

〝慎み深さ〟への考え方、あるいは〝悪趣味〟に対する感覚は、ヨーロッパ人と日本人はとても異なります。ヨーロッパ人は体を露出して見せることには割に平気ですが、人の排泄物については、まず口にしません。まるで、綺麗な女性はトイレに行かないかのように！　日本では逆で、特に女性はなかなか肌を見せませんが、排泄物に関しては開放的、品川のある一流ホテルの売店ではそれらしい作品を展示して売っており、アニメやマンガではユーモアの種にまでなります。

　これは排泄物ではありませんが、神社では男根の祭りまで催すそうですね。ヨーロッパ人にはそんな発想は浮かばず、これはむしろ、アフリカのアニミズム芸術を思わせます。実際、西洋式便所での日本の便器技術が世界を風靡しているのは、日本人が糞便に対して持つ〝別感覚〟のお陰なのでしょうか。

　私が品川で新幹線のホームで待っていた時、駅内放送が

「1号車、2号車、4号車、5号車、7号車、8号車、10号車、11号車と12号車は禁煙車です」

と流れ、私は立ち止まって、モノノアワレの現代版に触れ、考えに耽ったことがあります。

ヨーロッパ人なら間違いなく

「喫煙車は3号車と6号車と9号車です」

のみで終わるでしょうが。その駅員は、ちょうど町中で目的の住所を探す時のように、間《ま》を楽しみながら放送していたのに違いありません。これはまた、日本では強調したいことは足し算的

に述べる習慣だからなのでしょうか。欧州では例外を引き算的に述べる方が労力を費やさず、聞く方にもわかり易いと考えるでしょう。

それに、何よりも、日本でロケ中の映画監督シュレーダー氏が語った言葉が、とても日本人の心をよく表していると思いました。

「パリ市内でロケをする時には、係員がいて、通行人がロケの邪魔にならないように、彼に歩道を変えるように頼みますが、日本人の係員は、通行人が近づく度に挨拶し、通りを開けて通してあげるので、ロケは通行人がいない時にしか進まない」

シュレーダー氏は日本語がわからないので、そう思ったのでしょうが、私の想像では日本人の係員は通行人にこう説明していたに違いありません。

「お通りの邪魔をして、すみません。今ロケ中なので、申し訳ありませんが、早く通り抜けてくださるようにお願いします」

実際、自然の流れを邪魔しているのは通行人ではなく、ロケ隊の方なので、日本人にとっては、悪いのはロケ隊の方に違いありません。日本人の頭と西洋人の頭は全く逆の方向に働いているのです。

自然の流れと言えば、欧州人は春が過ぎ、夏が来るのを待ち、秋になるのを悲しむけど、日本人は春が過ぎるのを惜しみ、秋が来るのを待つようですね。

最近になって気が付いたのは、皇居回りのジョギング。外国人は時計回りに回るのに、日本人は反時計回りに回るようなのです。ひょっとすると、外国人が右回りを始めたので、日本人は一緒にならないように左回りを選んだのかもしれないし、あるいは、私の見たのが偶然だったのかも知れませんが。

結果的には、ヨーロッパ人に比べれば、日本人の脳は円上では逆時計回りに回り、直線上では引くことを好まず、足し算式に進んでいくようです。

日本人の哲学

西洋の哲学者は、自分らの仕事は将来の道に光を当てるのだと自負し、一般に、日本人は思想や概念を創り上げるのに疎い、という意見を持っています。日本には、哲学者が社会の事件や動きについて解説したり、将来の進路に警告を発したりする風習はないのかも知れません。ヨーロッパでは、新しい世代ごとに流行りの哲学者が現れ、大講堂で講演したり、テレビで討論したり、テレビ番組を主催したり、社会を分析し社会運動を興したり、外国の大学に教えに行ったりします。ヨーロッパ、少なくともフランスでは、哲学者は経済専門家や心理専門家と同じぐらいに有用で、引っ張りだこ。でも、ヨーロッパ哲学の多くは、最後にはギリシャ時代のソクラテスやプラトンやアリストテレスなどを参照し、そこに落ち着くようです。

日本にも社会問題を取り扱う哲学者は沢山いるのでしょうが、私には、日本哲学の特徴はそのような人間を相手にした哲学ではなく、むしろ人間と自然との関係であり、〝自然〟との対話、足を地に付けた実践哲学ではないか、と思えます。

これは、インド哲学がインドの文化や生活態様と区別できないのと同じで、「哲学」の意味が西洋と東洋で少し異なるからでしょうか。ちょうど西洋語の「Religion」と日本語の「宗教」の間に少しズレがあるように。

ヨーロッパ人の誰もが気づくのは、日本人は自然と共に働く歴史を持っており、料理のシェフばかりか普通の主婦でも、常に季節を考え、食料の循環を考え、材料を用いるタイミングを考えていることです。そして俳句を詠むのと同じように、季節の表現に熟練や手技を駆使し、名誉をかけ、それは殆んど信じがたいほどです。

日本で知られているのかどうか、私は知りませんが、ヨーロッパでは有名な日本的芸術の粋、自然哲学に基づくこんな例があります。

桜沢如一《おおさわじょいち》（外国ではジョルジュ・オーサワで知られる）は二十世紀の初め、日本、北米、南米、欧州、インド、アフリカなどで〝マクロビオテイック〟の哲学を提唱して広げました。この哲学は人と環境と宇宙の間での調和を図るもので、最終的には菜食主義になるのを目指すが、過渡的にはまず、肉やハム類の代わりに魚介類を食べ始め、バターや乳製品の代わりにゴマ製品を食べ始めるもの。

パリの学生街には一九八〇年代に〝ゲンマイ〟という名の〝マクロビオテイック〟のレストランが生まれ、今でも菜食主義者の密かな本山として繁盛しています。

福岡正信は二十世紀の半ばから二十一世紀の初めにかけ、自然農法を提唱し、永続栽培（ペルマカルチャー）を実施し、自然は人の介入がなくても自分で維持できる、と説きました。氏は自然の経過の過程、例えば種まきに理想的な時を同定し、一定の植物はお互いに同意して調和状態に入り、相互に助け合うことを発見しました。氏はさらに〝粘土団子〟と呼ばれる耕地改良因子（百種類以上の種を混ぜた団子）を発明し、肥料や農薬の代わりに使い、砂漠を緑化しようとしました。地球のサイクルと季節のサイクルの関係を重視し、二十一世紀の、自然を重んじるレストランのシェフ達に影響を与えています。

一九五〇年代、宮脇昭《みやわきあきら》は、町の中に植林する方法の開発に乗り出しました。二十一世紀の今の状況を思えば、宮脇方式（ミヤワキ・メソード）は何という先見の明だったのでしょう。今では空気の化学汚染や微粒子汚染が年に四百万以上の人々を殺し、世界の都市化で舗装や建物が太陽熱を吸収して温暖化を引き起しています。

それらの問題に対処する一つの方法は、街に木々を植えて少しでも昔の状態に戻すことでしょう。木の葉は浮遊微粒子を捕らえて雨で洗い流すし、化学汚染物にしても一部は破壊できるし、大気上昇の原因である炭酸ガスは呼吸によって酸素へ変えることができるはず。

このように宮脇方式とは、自然の森の法則に従った植樹方法です。その教えでは、昔の庭師の精神に戻り、まずその土地の土壌を知らねばなりません。その土壌を場合によって自然肥料土で強化し、周囲に生える草木を観察しながら、百種ぐらいの植物の内から、植えるべき木や灌木や草などを選び出し、それらを混ぜて植えます。それらは栄養分を交換し合い、影を作ったり支えになったりしてお互いに助け合うので、普通の植林より早く生長する。種類を選んだ後、選んだ種を集めて秩序なく密集させて撒きます。植物たちは太陽光線を争って浴びて大きくなり、早く伸びる草木だけが生き延びる。このようにして植えた木は、普通の木より十四％は早く育つそうです（ジ・エコノミスト誌）。

三年間は給水して育て、それからは自由競争に任せ、二、三十年経つと、植物たちは成木に達する。その土地本来の樹木に、様々な種類の植物を混ぜて植樹を行い、〝混植・密植型の植林〟

を作ります。そうすると、従来の植林法に比べて生長が早くなり、生物密度と生物多様性が増え、炭酸ガス吸収効果も大きくなる。

宮脇方式では、三メートルの幅があれば森ができる。アジアから出発して、今ではヨーロッパや南米、中東、オーストラリアにまで広がり、世界にミニ森林が増加しています。

話は変わりますが、ブラジル人は、畑に種々の果物や野菜や花が栽培されているときは、それは日系ブラジル人の畑だ、と思うそうです。ブラジル人は一種類の植物しか収穫しないからです。そこには日本人の、調和と進歩の気性が見られますね。

さて、水田栽培では、福岡県の古野隆雄と久美子夫妻は一九七八年、殺虫除草剤を使わないで栽培する方法を考えました。最初は水田に鯉を泳がせましたが、これはよい結果を生まず、一九八八年、中国の昔の方法に倣い、アヒルを水田に入れました。しかしアヒルが犬に追われるので、三年後には水田を電気針金で囲んで保護せざるを得ませんでした。

しかし水田では生物類が少しずつ多様化し始め、アヒルは虫類と雑草を食べ、その糞はプランクトンの餌になり、プランクトンのせいで魚が育ち、窒素を含む植物は稲の肥料になる。それからアヒルの代わりに〝合鴨〟を使い始め、今では忘れられていた合鴨農法を始めました。合鴨とは、肉の美味しいカモと、肉量の多いアヒルを掛け合わせて作った品種で、これを使って水田の中の害虫や雑草を駆逐し、農薬の使用を避けるものです。この方法はフランスのマルセイユ近く、カマルグ地方の水田にまで適用され始めました。

一九八二年、日本は森林浴という自然療法を発明しました。李博士とその研究班によれば、樹木はある種の精油を生産して細菌から自衛しますが、人が森を散歩すればその効果の恩恵を受け、さらに、森林が発散する炭化水素のテルペン類が人体と心理現象に良い影響を与え、その上、地中に生きるカビ系の無害な微生物の恩恵も受けます。そうすると血圧が下がり、ストレスが減り、よく眠れ、免疫性が上がります。免疫性が上がれば、色んな病気に対する抵抗性が上がることになります。でも恐らく、最も重要な効果は、人間が生きていることを再発見することではないでしょうか。フランスでは、海水療法は健康保険で払ってくれます。海がそうなら、山の中での森林療法も将来はそうなるに違いありません。

日本では、社会が自然と調和するように組織されているばかりか、法律でさえ、自然と調和するように規定されているようです。大宝律令に次ぎ、西暦七五七年に養老律令が制定され、それが形式的には明治維新の時まで生きていましたが、平安時代に、社会の変化に合わせて部分的に改正されたのが類聚三代格《るいじゅうさんだいきゃく》だそうです。

日本古典の専門家フランシーヌ・エライユ教授によれば、日本では社会事情に合わせて法律を変えるのが特徴だそうです。これは西欧の、法律によって事態を変えさせようとする習慣とは全く逆の態度。この違いは、私が日本で得ていた印象、西欧では規則はそれを守りそうにない人への警告として作られているのに、日本では規則を守ろうとする人を保証するために作られている、という印象にもよく合致しています。

自然、征服か共存か

二〇〇五年、ジャレッド・ダイアモンド教授（10）は、なぜある文明（マヤ、クメール、イースター・アイランド）は、一時は栄華を極めたのにやがて崩壊し、ある文明（日本）は長く存続しているのか、と問い掛け、結局は環境との関係が、文明が存続するか崩壊するかを決める、と結論づけました。

マヤ文明は二千万近くの人口を持ち、栄華を極めていたものが、八世紀と九世紀の間に消えてなくなりました。理由は幾つかあるのでしょうが、特に、環境の変化が人間の活動に及ぼした影響と、人間の活動が環境の変化に及ぼした影響を分析しなければなりません。マヤ民族は農業用の土地を開拓するために森を切り開き、木材は建築用の焼き石膏を作るための燃料に使いました。森林伐採は長く続いた干ばつをさらに悪化させ、同時に土壌侵食を起こし、土壌を貧しくし、マヤの人口の没落はそのせいではないか、と思われています。

農地は森林より太陽光線の吸収が少なく、農地が増えると地上から蒸発する水分が減り、雲や降雨が少なくなり、干ばつがさらに酷くなる、と言われます。森林は炭酸ガスを吸収して貯蔵してくれますが、森林がなくなると、炭酸ガスは大気に浮かんだまま循環されなくなり、それが良くないのです。

クメール帝国はアンコールワットの遺跡で知られており、東南アジアで最も強力な帝国でした。帝国の中央には東南アジアで最も大きいトンレ・サップ湖があり、雨季には周りの地域を水で満たし、米栽培には理想的な環境を作り、その地方の豊かなエコシステムが魚類を豊富に提供してくれました。もちろん水は豊富でしたが、モンスーンのせいで雨量が季節と年によって大きく変化し、洪水の統制が難しい状態でした。そこで複雑な洪水統制システムが考えられ、幾つもの貯水場が建設され、多くの水路が作られました。しかし洪水と干ばつの予想がつかなくなり、その制度を維持することが出来ませんでした。森林伐採で土地が弱まり、洪水を調整できなくなり、クメール帝国は衰退し、最後には崩壊してしまいました。

一方の日本では、十三世紀末から十七世紀の江戸時代の初期まで、内戦のせいで森は健全な状態ではありませんでした。その上、田んぼを作るために森は切り開かれ、しかも、人口増加のせいで、建設用や燃料用に木材の需要が増えて山林は伐採され、自然繁殖では間に合わなくなり、禿山の問題に直面しました。もちろん鎖国のせいで、木材を輸入することもできませんでした。

一六六六年、四代将軍徳川家綱の幕府は森林伐採の危険を感知し、下流の治水を目的に「諸国《しょこく》山川掟《さんせんおきて》」を発令して森林伐採を禁じ、労力や資金を既存の田んぼに集中し、山では植林を始めました。これは、人工森林始まりの時代だと言えます。密集した町の熱気は森の存在で冷やされましたが、一方では燃料用の木材も必要です。老木は炭酸ガスの吸収が不充分、そこで伐採されて燃料に使われ、代わりに若い木の植林が始まりました。つまりは森林管理。そして灌漑は完全に管理され、田畑に水が不足したり、または、水浸しになったりするようなことは避けられるようになりました。

森林の重要さについては、寺小屋でも、〝木のない山は幾ら高く聳えても、それは脳のない巨人と同じだ〟とまで教えたそうです。

ある非営利団体の報告によれば、江戸時代の初期、江戸の町は人口が百万を越し、世界でも最大級の都市で、今と違って町の半分は森で覆われ、丘が多く、水路が張り巡らされていました。隅田川は低地を流れるので、市民の飲用には使えません。井の頭は少し高まった丘の上にあり、すでに一五九〇年、徳川家康はそこの湧き水を町の中心にまで引く小石川水路を建設し、それは後に神田水路へと発展しました。次には水源の豊かな多摩川から幾つもの水路を引き、江戸の地下水路は一五〇キロに達しました。日本の土木建築技術はとても水準の高いものだったに違いありません。

文明は環境に依存する。正しい環境条件を保つために、早めの対策を取るかどうか。文明がもう持続できないように痛めつけられてしまう前に、それを予防できるかどうか。それが文化の運命を決めるようです。

日本人の自然に対する態度から考えて、当たり前かも知れませんが、日本人は動物に対しても特殊な感情を持っているようです。一六八五年、五代将軍の徳川綱吉の下で〝生類憐みの令〟が発令されています。十七世紀末のこの令は哀れみの情から発しているのかも知れませんが、日本人は動物を、人間の延長（または短縮）として扱うようです。ヨーロッパでは二十世紀末から二十一世紀になって動物愛護が叫び出され、菜食主義者も増えてきていますが、日本では何世紀か前に、そんな時期を過ごしていたようです。

今でも日本人は喫茶店に猫やカワウソを飼って、客に可愛がらせたり、猫を駅長にしたりして、人間と動物の境界を消そうとしているかのよう、奈良公園での鹿との交わり、伊豆半島での猿の温泉なども、その良い例ですね。因みに、日本猿（尾長猿）は霊長類の中では世界で最も研究されている動物です。

動物愛護は自然を大事にする情にも通じるもので、日本は自然を征服しようとするより、それに適応しようとする性向が強いのがよくわかります。アニメの映画〝モノノケ姫〟では、アシタカは田園生活と社会生活の二つの世界の間を繋ぐメッセンジャーで、自然と人間が争わずに生きる道を探しています。二つの形の生き方が切り離された時に初めて、私達が失ってしまった田園生活を思い出させてくれますよね。

銀杏の精神

〝日本人根性〟または〝大和魂〟と言うと、〝日本人の性質一般を貫く根本的な強い性質〟のことを言うそうですね。ただこの表現では、何だか、一生懸命に頑張っている印象を与えそうです。私が定義したい〝ニホニチュード〟は、むしろ日本人が何らの努力をしないでも自然に発露してくるような性質ですが、それが外国人にはない特異な性質なのです。

日本に住む日本人は、自分の〝日本性なるもの〟をあまり意識しないまま一生を過ごす人が多いように思います。地球化に走る現代は、隔離された性格を持つ日本人には難しい時代であるはずです。しかしそれは、何もかも世界の風潮に従おうとするから難しいのであって、分別よく自分の道を選べばそうでもないでしょう。例えば、誰でも彼でも英語を話そうとするのは、どう見ても分別ある選択とは思えません。

ただ、日本が世界化の波に乗るのに苦労しているところも、私には大きな魅力です。女性解放の波に乗る世界で、どこの国の女性もだんだん男みたいになり、男と同じ仕事をし、気も荒くなってきました。日本でも女性もラグビーをやり、ボクシングをやり、相撲を始める世界になりつつあります。ただ日本女性だけは、一般に依然として男性の立場を認め、伝統的な男性の分野を侵そうとは思っていないように見えます。冒険心に燃えるヨーロッパ人の男達が日本女性と結婚したがるのもそのせいでしょう。

ヨーロッパ人女性が日本男性に興味を持つかどうかは別の話です。ヨーロッパの女性は決断的な男を求める一方、日本男児は淑やかな女性を求めるから、どうも好みがすれ違うようです。それに、日本の男は概して内気で勇気がないことも、日本人の男に不利に働くでしょう。私の友人の間で、日本男性が欧州女性と結婚している場合を見ると、大抵は日本男性が勇敢な欧州の女性に引っ掛けられた、という印象を受けます。

日本人は銀杏に似ています。〝イチョウ〟の木は学名ではギンクゴ・ビロバと呼ばれます。一九四五年の八月六日、広島に原子爆弾が落とされた時、爆心地から一キロほど離れた所にあった報泉坊という寺の近くに一本の老いた銀杏の木があったそうです。建物は破壊され、老いた木は焼けて灰になってしまい、一年経っても、放射線を浴びた地上には、生き物は何一つ戻って来ませんでした。ところがただ一つ、老いた木の生えていた地中から、灰を掻き分け、小さな新芽が出て来て、銀杏の木に育ち、しかも一見して、放射線による異常は、どこにもありませんでした（ジョスリーヌ・トレムイヨー‐ギレール教授の話）。

ただし、広島の原爆に生き延びた唯一の生き物は、カビだった、という説もあります。

銀杏は非常に例外的な植物で、その胚珠（間違って果実または種と呼ばれる）には催淫作用があると言われ、今から二億七千万年以前に現れ、現在まで地上で生き延びた最古の植物です。ギンクゴ・ビロバだけで分類学上の種、属、科、目、綱を占め、三億年前に現れたギンクゴフィラム門（分類の最大級）の最後の生き残りで、現在まで殆ど変化しておらず、生きた化石だ、とも言われます（トリスタン・ヴェイ氏）。植物自体の我慢強さと共に、仲間と共同して苦難時を通り抜けるような性質を持ち、生長率は二百年まで徐々に減っていき、大きくなるより免疫性の充実を優先して、千年以上、恐らく三千年以上は生きる植物だと言われます。

世界で銀杏に最も近い植物人間は、日本人に違いありません。そして、日本という国はニホン・ミチヤナギに似ています。この潅木は地上で最も厳しい環境でも生き続け、根こそぎに抜き取っても必ず再生してきて、死ぬことを知らない。世界の科学者はその殺草法を見つけようと、四苦八苦しているところです。

子供の心

アインシュタインはこう言いました。

「学ぶこと、一般的には真実と美を追求することが、我々を一生涯子供でいさせてくれるのです」

日本人は一生涯子供の心を持ち続け、それが日本人の、真実や美を追求する際の精神を特徴づけているように思えます。肉体的にも、ヨーロッパ人やアフリカ人に比べ、日本人は性的な成熟期に達するのが遅いのは、良く知られた事実です。

西洋の社会では、子供は早く大人になるようにケシカケられますが、日本では逆に、大人は子供の幼い魂を持ち続けるのが好まれ、言外の内に奨励されているように思えます。いったい世界のどの国で、高校の上級生までが、寸分の違いも許さない制服の着用を、文句も言わずに受け入れるでしょうか。

一八七〇年代、日本に旅行した米国人の教育者のウイリアム・エリオット・グリフィス氏は大よそこんなことを言ったそうです。

「江戸時代の二百五十年の間、この国の主な商売は遊びだった。玩具屋はクリスマスの贈り物を入れる靴下みたいに一杯で、沢山の大人達が、西洋の大人なら前掛けと一緒に放っておくような遊びに懸命になっている」

一九四五年、日本を占領したダグラス・マッカーサー元帥はこう言ったそうです。

「日本は十二歳の子供の国だ」

もちろん、英語しか話せない中年の軍人には、日本人の心に通じる手段はなかったのでしょうが。

マンガとアニメは日本では下位文化と考えられていたはずで、特にマンガの本は電車の行き帰りで読み終わったら網棚に捨てていたらしい。それが外国で大評判になったのは、日本人には理解しにくい現象かも知れません。しかしマンガに見る子供心は、外国人には訴えるのです。

フランスはノルマンデイ地方の、バイユー市の博物館、一〇六六年の、ノルマンデイのギヨーム征服王のイギリス征服、その時の物語をつづれ織りで語った壁掛けは有名ですが、二〇二一年、フランスのオービュッソン市は、その博物館で、宮崎駿のアニメの物語を、つづれ織りに織っているところです。千年後には、オービュッソン市の織物は、ヨーロッパを侵略したアニメ芸術を、色とりどりの糸で、当時の技術でつづられた物語を、大いなる文化遺産として、無数の観光客に展示するのでしょうか。

日本人の子供心の素晴らしさは、調査記者の先駆者アルベール・ロンドルも、すでに一九二三年に感じ、とても驚きました。それは東京大震災の前年のことです。氏は、東京には頭がなく、脚がなく、脾臓も肝臓もなく、目印さえない、と感じたからです。東京には住所さえない。ロンドルは今までの既定概念を忘れ、子供時代の無邪気さに戻り、趣味や目印を忘れて、重力に任せて町を歩き回ったそうです（フランソワ・シモン氏）。

ロンドルの感じた子供っぽさは、今でも、多かれ少なかれ残っていますが、それは日本の強みでもあります。まだ駆け引きに害されていない素朴さ、外国人に対する好奇心と親切さ。他人への気配りや手助けや誠実さ。

私が最初に日本に来た時は、神父様の家に泊まったのですが、翌朝はカトリック教会のラジオ体操の音楽で起こされました。教会は幼稚園を経営しており、そこの子供達が一斉に庭に出てラジオ体操を始めたのです。尼さんや教師も一緒に。その時には、ロンドルの言った子供っぽい無邪気さと共に、その時の夏の湿った暑さの中で、私は一陣の清純な涼風、それに精力さえ感じたものでした。

私がフランスとものすごく違うと思ったのは、役所が外国人の滞在の手続きなどを簡単に解決してくれたことでした。フランスの手続きでは、いつも何かが欠けると言われて追い返され、二度か三度は足を運ばねばならないのに、日本ではたったの一度で、フランスの十分の一の公務員数でやってくれたのです。

三十年後、つまり二十一世紀のことですが、私は広島行きの東海道線に乗って、神戸で降りた時、汽車の中に写真機を忘れて来てしまいました。思い出の全てが入ったままなので、私は青くなり、必死の思いで近くにいた駅員に食い付きました。私達は駆け足で駅舎へ戻り、駅員は私を椅子に座らせ、電話をかけ始め、私に振り向き、

「すみませんが、そこらを散歩なさり、一時間後に戻って来てくれませんか」

と言います。私は恐れ入って、

「ドウモ、ドウモ、カナラズ、モドッテキマス」

と約束しました。しかし広島の方へ持って行かれたら一時間は短かすぎ、もう駄目だ、と諦めていました。ところが、一時間後に駅に戻ると、別の駅員が袋に包んだ写真機を私の前に出して、腰を屈め、

「どうもお待たせしました」

と返してくれたのです。私はこの時はその駅員に抱きついて感謝の気持を態度で示したかったのですが、その代わりに何度もお辞儀をし、私が無事に帰るのを見守ってくれる駅員へ振り返り、手を振って叫びました。

「ニッポン、バンザイ！」

さて、外国人が感じる日本とは何か。非常にまとめにくい質問です。世界を股に旅行して回ったある新聞記者は、このように表現していました。

「最も満足のいく異国情緒、つまり最も強い異質性、それを感じたい人は日本に住んでみることだ。当人は完全な挫折感を抱くに違いない。ところが、回りの人から拒絶されたという感じは全くしないから不思議」

ある女性は何回となく日本へ旅行していますが、最初に日本に滞在したときの印象をこう語りました（作家ラブロの紹介する日本通の仏女性）。

「自分が世界の果てにいるという印象よ、自分の世界とは反対の世界に。でも自分は怖い思いはしない。ただ、自分が何もわかっていなかったという事実に気がつくわ。だけど私自身は、晴々として落ち着いておれるの。それは、自分で感じるからよ、〝人々の親切さのお陰で、自分はそんな状態から何とか抜け出ることができるに違いない〟と」

III

職人芸

日本人は、美術または芸術（美術に音楽と舞踏を加えた物）と、職人芸または民芸と、それから技術、これらの間にハッキリした境界を置かず、それらはむしろ共存させるべき物と考えているように思えます。そのせいで、広い意味での芸術には階級がなく、いくら高尚な芸術でも、地上へ降りてきて、庶民の生活、生活の技術、自然な生活、などと和合しなければ意味がない、という、ごく現実的な哲学が底にあるように思います。そういう意味で、私は日本人の職人芸を、〝芸技術〟という新しい分野に分類したいと思うほどです。

日本人の職人芸を説明するのに、ここで酒、茶、味噌、醤油、和牛の例を挙げてみます。もちろん、日本人ならだれもがご存じのことかも知れません。しかしここで注目していただきたいのは、これから述べる内容は、日本の本や欧州の専門誌から引き出したのではなく、ヨーロッパのごく一般の日刊紙で報道された内容なのです。なので、それは日本人の常識とはかけ離れているかも知れません。でも、そんなことはどうでもよい。ここで私の言いたいことは、これらは何れも、芸術と技術の間の境界を取り除いた、日本人の職人芸、または〝芸技術〟を象徴的に示している、という点なのです。

米は中国の浙江省《せっこうしょう》の上山《シャンシャン》ですでに一万年以上前から栽培されていた、と言われます。そうであれば、酒も当時から作られ、飲まれていたのでしょうか？　しかし〝清酒〟と呼ばれる酒は、日本特有の物であるようです。

まず食物の栽培に米作を選んだのは、意味のある選択でした。米作は水田でなされ、水は山からの養分を持ってくるので、肥料は要りません、有毒物は流し出されます。毎年同じ田んぼで栽培できます。それは小麦やジャガ芋にはできない技です。

ヨーロッパ、特にフランスでは、〝酒〟という言葉は、安っぽい中華料理屋で食事の後に飲む老酒などの蒸留酒に使われていました。そこで、それと区別するために、本当の酒は〝日本酒〟とか〝米ワイン〟と呼ぶようになりましたが、今では〝サケ〟と言うだけで日本酒だと理解されるようになりました。色んな点でワインに似ていますが、ワインのセパージュの代わりに、サケには無数の酒用の〝米の種類〟と〝調整法〟があります。

以下のことは主として、フランスの良心であるル・モンド紙のセバスチャン・ジャンヴレン氏から教わった知識です。つまりは、部外者であるヨーロッパ人の酒観です。このヨーロッパ人の酒観について、今は亡き酒博士、坂口謹一郎先生のご意見をお聞きしたかったものです。

酒は地方色を強調する時は地酒と呼ばれますが、日本中で約二千二百の酒屋があり、ほぼ同数の地酒を作っている訳です。科学的には世界のアルコール飲料では最も複雑な飲み物であり、四百種以上の異なる味成分を含んでいます。

酒の発祥地は確かではありませんが、モンスーン気候と米作があった地方で、恐らく紀元前三百年から、作られていたと思われます。しかしその酒は濁った肌色をしていたはずで、清水で透明な酒は日本人の発明だと思われます。日本では西暦三世紀に〝口噛みの酒〟が現れました。この情報は〝魏志倭人伝〟から来ているのでしょうか。

まず、酒に使う米は六十種ぐらいあるけど、どれも食べるにはおいしくない米です。粒は食用の米よりずっと大きいので、栽培もずっと難しい。澱粉は、食用米では粒全体に散らばっているのに、酒米では粒の中心に集中しており、その澱粉をアルコールへ変えるのです。なので、粒周りを五十%ほど削って純化しても、はたで考えるほどには無駄はしていないことになります。

高価な地酒には、兵庫と岡山で栽培される〝山田錦〟と、石川、富山、新潟で栽培される〝五百万石〟が有名。それに、山から流れ出たばかりの清水を使うというのが重要。ある情報によれば、ピルスナー・ビールに使う軟水と、ミュンヘン・ビールに使う硬水との中間ぐらいの硬度の水が最適だそうです。

味利きのスドウ氏によれば、東京以北の日本人は、関西以西より塩の効いた食事をするので、より柔らかい飲料を飲みます。関西以西ではその逆になるわけです。つまりお酒は、その地方の食事に合った地酒を飲むのが最高なようです。

ワインを作る時は、葡萄からすぐに発酵させます。圧搾葡萄がすでに、発酵可能な甘い汁を与えるからです。しかしビールと酒の製造では、まずそれぞれの原料である大麦と米の中の澱粉を発酵可能な糖類へ分解せねばなりません。ビールの場合は簡単で、得た糖類に酵母を加えて発酵させます。アルコール度が七、八度になるとビールの発酵は止まるでしょう。

酒の場合は同じ槽の中で糖化と発酵を同時に行い、アルコール度を二十%にまで上げなければなりません。これは世界で最も繊細で複雑なアルコール発酵でしょう。

発酵の元の酒米は葡萄と違って、酒米の粒を磨いて種皮を除き、米を洗った後に水に漬けて水を切り、大きな窯の中で百度以上にして蒸し、すぐに冷やします。その米の一部に麹を撒き、特別室（麹室）で三日間かけて澱粉を糖分に変え、〝麹米〟を作ります。残りの部分は掛け米と言います。

次に、麹米、掛け米、できるだけ純粋な源水、酵母などから〝酒母〟を作ります。熟成させるのに十二日かそこら、酵母も乳酸菌も添加しない場合はもっとかかります。それらを大桶に移し替え、少しずつ添加物（水、米、麹）を補足し、発酵を平均化するために三から八週間、棒で混ぜる。それから圧搾して濾過し、場合により軽い殺菌（短く六十五度にまで加熱）をします。

この殺菌法は、後でルイ・パスツールという西洋の大学者が牛乳とワインの殺菌法として発明した方法と同じで、それは今ではパスツーライゼーションと呼ばれ、国際的に認められていますが、日本の酒造りの職人たちは、実にパスツールの三百年前から、同じ方法を自分の物にしていたのですから、大いに誇ってもよいですよね。

大桶の中で、しばしば数カ月、最高六カ月まで熟成させ、他の樽と混ぜたりして平均化し、アルコールの二十度をもっと飲み易い十五度かそこらに水で薄め、保存性を増すために軽い追加殺菌をし、それから卸売り屋へ出します。米の収穫から一年経った十月に店頭に出ますが、ワインと大きく違うのは、上等な酒ほど早く飲む方がおいしく飲めることでしょう。

でも、酵母が生きたままの生ビールを好んで飲む人がいるように、全く殺菌をしていない生酒を好んで飲む人もいます。その場合、生酒をすぐに冷凍し、一週間以内に飲まねばなりませんが、大吟醸を生で飲むのは、桜の花のようにすばらしいけど、儚い経験だ、という話です。

米の種類と醸造法により、ニゴリ（濁り）、コーシュ（老化）、ムロカ（無濾過）、ナマ（無殺菌）、ゲンシュ（無還元）、ヤマハイとキモノ（いずれも天然酵母のみ使用し、酵母も乳酸発酵素も加えない伝統的な手法）などがあります。

酒の質は、精米歩合とアルコールを添加するかどうか、によって決まります。精米歩合（残り米の割合）により、本醸造（70%から）、吟醸（60%から）、大吟醸（50%から）がある。アルコール無添加なら、精米歩合が60%からの場合は純米吟醸、50%からの場合は純米大吟醸と呼ばれ、後者は酒の nec plus ultra（究極の物）とされる。

ワインでは瓶の上に統制銘柄を記載しなければなりませんが、酒でそれに該当するのは精米歩合のようで、伝統的な評価法では、米は磨いて精米歩合を下げるほど良い酒ができる、という哲学に基いています。しかしそんな評価法に疑問が湧き始め、今では、精米歩合は下げないでも個性のある酒ができる、という考えが強まってきました。

日本ではあらゆる物に季節感が入り、酒でも、季節により、冬には〝カン〟を付け、夏には冷酒を飲む傾向がありますね。春秋には室温酒もよいでしょう。

ただ、〝カン〟をつけて美味しく飲めるのは伝統的な酒だけで、穀物味と乳酸味と発酵味のある〝純米〟と〝本醸造〟だけです。近代的な酒にはあまり合いません。

酒にはバナナ、リンゴ、メロン、クルミなどの芳香がありますが、製造者のフィリップ・ハーパー氏によると、それらは米の種類からくるのではなく、酵母の代謝反応で作られるのだそうです。

酒は、魚や野菜から白身の肉、ハム、ソーセージ、ある種のチーズ、デザートにまで向きます。日本人のあまり食べない赤身の肉にだけは赤ワインの方が良さそうですが、その代わり、酒はワインに合わない卵料理には最高に合います。

酒はワインと異なり、穫れた年に飲むべきですが、〝コシュ〟だけは三年ぐらいかけて熟成します。しかしワインの影響で、黄色から琥珀色になるまで保存するやり方も増えてきました。

さて次は、お茶の話です。お茶は中国原産ですが、イギリスはアヘン戦争時代にインドに移植して大量生産させ、発酵させて紅茶とし、砂糖を入れたりレモンを入れたりして飲まれるようになりました。何という悪趣味でしょう！

その発展とは陽と陰の関係になりますが、栄西は一一九一年、中国茶を日本に持ち込み、日本茶は別の発展を遂げました。一例としては、宇治の丘の上でも茶ノ木の栽培が始まり、今まで続いています。最も一般に飲まれる煎茶では、茶ノ木を大気の下で栽培し、五月末か六月初め頃に、その新芽を摘み取り、芳香を集中化するために繊細に巻き取り、高温で軽く滅菌すれば、茶の葉は乾燥して尖った形になります。

日本独特の抹茶を作るには、新芽を摘み取る二十日位前に、藁や葦や布で作った覆いの下に入れて光から保護し、苦さの基になるカテキンの割合を減らし、テアニン（茶にフンワリとまろやかな風味を与えるアミノ酸）の割合を増やします。それを蒸気で焙じた後、新芽を乾かし、茎や筋を除き、葉の身だけをすり潰して粉にします。

玉露は新葉を覆いの下、天然肥料で肥やした土地で栽培し、煎茶のように滅菌して皺にして乾かします。玉露はまろやかな風味を呈します。

パリで茶の店を開いているアメリカ人のキャロル・ネジアー女史の話では、現在ヨーロッパで売られている〝日本茶〟と呼ばれる茶の殆どは日本製ではなく、中国、ベトナム、ブラジル、アルゼンチン産。だけど日本では地理表示保護（ＩＧＰ）を法制化していないので、不届き者たちが〝日本茶〟という呼び名を使うのを妨げることができないのです。

面白いのは、発酵製品の好きな日本人が、ここでは中国茶やインド茶と異なり、発酵を避けているように思える点です。

ステファニー・ノブレ女史は、あの堅い、反体制派新聞のル・モンド紙上で、フランス人は味噌を、もっと積極的に活用すべし、と勧める、全頁大の記事を出しました。味噌には白味噌と赤味噌があり、白味噌は白から薄茶色を通って濃黄色までに渡り、赤味噌は赤色から褐色にまで変わります。味は色合いの変遷に従い、明るい色から暗い色に向かって変わり、香りも微妙に変わる。白味噌は、心地よい甘美な優しさから順繰りに、花の香または果物風味をかがせる物から、赤味噌は、ガッチリして、時に麝香の、時に樹木の香を発する物まで。米と共に発酵させると甘い味噌になり、米の代わりに大麦を使うと麦芽風の味を与える味噌になる。色んな味を楽しむことができるので、ある意味でフランスのチーズに似ています。

味噌は脂肪が少なく、栄養分に富んでいる、という意味では超食料です。動物蛋白質が含むあらゆるアミノ酸を含み、菜食主義者には理想的な食材でしょう。味噌は消化を助け、殺菌していない場合はその酵素類のお陰で腸内細菌と好影響細菌類とうまく調合します。

味噌はあらゆる味を網羅しており、塩分、甘味、苦味、酸味の他に、五番目の成分である旨味を含み、これは料理にまろやかさを与え、口に気持ちが良い。旨味とはカメレオンみたいな物で、アジア料理の枠を離れ、欧州の大衆にも訴える力があります。しかも味噌は長期に保存できるので、野菜類に付けてあれやこれやと使い、無駄が生じません。ただ、味噌は塩分が多いので、料理によっては使用量に注意せねばなりません。

以下の例は、日本産の味噌が、ヨーロッパのシェフにどんな想像力を掻き立てているか、を示すものです。

軽い味の白味噌は、白身魚からデザートまでに使え、例えばチョコレート菓子にはすでに使われています。

赤味噌は、それとわかる気性を持っており、例えば茸類とうまく調合する（マチルダ・モット女史）。

料理によってはマスタードやマヨネーズやバターの代わりになるし、そのクリームに似た組織のせいで、サラダのソース（酢、油、塩、胡椒の混ざり）とうまく調和する（ウイリアム・ルデウイッユ氏）。

白味噌をバターと同量に混ぜて、玉ねぎや野菜に塗り、オーヴンで熱し、それを繰り返してできた物を、付け合せ野菜として使う（ヨタム・オットレンギ氏）。

今ではフォワ・グラを味噌で漬けた皿も出されます。

ル・モンド紙のフィリップ・メスメール氏によれば、ソング時代の十三世紀の初め、僧法燈国《ほっとうこく》師《し》は中国に渡り、数年、金山寺で仏教禅を学びましたが、同時に大豆から味噌を作る方法も学びました。

僧国師は日本に戻り、海に近い、清い河が流れる湯浅という村で金山寺味噌の製造を始めました。味噌の準備中に紫色の液体の溜りができ、それを舐めてみると、とても味がよく、調味料として使えると考え、それからは、〝溜り〟の生産に邁進しました。それが今の醤油の始まりです。溜りはその内に〝紫〟（ムラサキ）と呼ばれるようになり、今でも醤油の高級品には、この呼び方が使われています。

江戸時代の初めには湯浅には四百軒の製造所がありました。その内に木材での加熱法が発明され、〝紫〟は保存できるようになり、お陰で遠隔地まで運搬できるようになりました。やがて輸出されるようにさえなり、湯浅の老舗カドチョーは先代（今は7代目）が、ルイ十四世に奉納した歴史があるそうです。

大豆は岡山産で、それに混ぜる小麦は岐阜産、杉の樽の中で数カ月は発酵させます。今でも湯浅醤油という銘柄は存在しますが、ヤマサ醤油や野田醤油という大手の企業が存在し、欧米では、キッコーマンが醤油の代名詞みたいになりました。特にキッコーマンの醤油瓶のデザインと、醤油が滴らないように工夫された注ぎ口の技術が最高なのです。
上記のような記事は、ヨーロッパがいかに日本の食芸術と食技術に興味を持っているかの証拠でしょう。

さて、ここで次は和牛です。私にとって日本人は、動物を可愛がり、肉を食べない民族であり、その点でとても尊敬していました。なので、まずは失望であり、次には驚きです。日本人が牛を食べる、それは西洋の影響であり、明治開化からだとすれば、ほんの一世紀と塵の積りしか経っていません。

今や日本が世界に誇る、和牛に関する芸技術（？）の発展は、正に一世紀に渡る、日本人の信念と質への精進の旅です。養牛者は飼料をビールで浸し、ストレスを除くためにマッサージし、場合によってはシューベルトの音楽を聴かせるという、伝説みたいな物語まで生んでしまいました！　私の想像では、シューベルトの曲は〝ストリング・クインテット・イン・C・メイジャー〟なのでしょうか？　何と言っても、沈黙と永遠の安らぎには、この曲が一番ですから。

日本の牛は小さいので、外国牛のように体をゴツくし、和牛の生産性を上げるため、初めの内は、肉や乳の生産性の高い外国牛、例えばスコットランドの角なし黒牛〝ブラック・アンガス〟

と交配させ、品質改良が試みられました。これが大失敗で、生まれた牛は気性が荒く怠慢で病気勝ち、悪いことに、和牛特有の肉質と風味が失われるとわかり、際どいところでこの試みは中止されました。実に、事態は風雲急を告げており、純粋な和牛が消えてなくなる寸前だったのです。やっとのことで、数頭の純血の但馬牛が、隔離された山中に生きていたことがわかり、それらを元に、現在の黒毛和種が再復活されました。

和牛には四種類あり、九十％は黒毛和種、その本山は但馬だったと言われます。今では松阪牛、神戸牛、近江牛、飛騨牛、佐賀牛などが有名でしょうが、これらの五種は元々の但馬牛の商品名みたいなもの。外国では殆ど神戸牛しか知られていませんでしたが、フランスでは二〇一六年、初めて日常紙に、全頁大の〝飛騨牛〟の広告がありました。

日本の養牛者は賢く、和牛をいつまでも牧草の上に放し飼いし、飛び跳ねさせるようなことはしません。体重を失うからです。しかしそれは、日本に牧場が少ないことの言い訳かも知れません。その替わりに和牛を牛舎に閉じ込め、あらゆる快適さを与えます。肉の最終的な味は飼料補給法によるので、とても厳格な自然食餌法が施されます。和牛の生活を要約すると、十八カ月までは原則的には厚い麦わらの上で食べて寝るだけ、二十四カ月までは雑草と蛋白質の少ない飼料で、ゆっくりと脂肪分を付けます。次の六カ月には、和牛はより豊かな食餌法、例えば麦芽を与えられ、その間に肉の奥の筋肉や繊維の間にまで、脂肪が付きます。三十六カ月かその少し前に体重は約八百キロとなり、悲しいかな屠殺場へ運ばれる。しかしストレスは禁物なので、屠殺前には牧場に数日置き、ストレスが除かれます。屠殺後には肉は冷蔵室に二十四日かそこら保存され、熟成させ、すぐに切断されて凍結されるのです。

　脂肪付けをするために牛舎に入れた際、和牛は退屈して食欲を失うことがありました。そんな時に昔はビールを飲ませ、マッサージをして食欲を上げようとしたことがあったらしい。そこまでは行きませんが、ヨーロッパの牛でも、食欲を上げるために麦芽を与えたりはするそうです。今ではフランス人のシェフ、クリストフ・エィ氏は自分の家畜場を作り、三十頭に近い和牛を亜麻で飼育しているそうです。でも、和牛は和牛でも、純粋な和牛なのかしら？　なぜなら、純粋な生き和牛の日本からの輸出は、かなり前から原則として禁じられているからです。

　日本では牛の役は、伝統的には運搬用と耕作用だったのが、二十世紀後半にトラックとトラクターが現れ、牛の役割はなくなり、一方では牛乳の需要が高まり、乳生産に優れた外国種のホルスタインが輸入され、和牛の役割がなくなってしまいました。いや、残ったのは食用だけです。かくして一九六〇年代、和牛の役割は役肉兼用から肉専用に切り替わりました。

　これからが、日本人の真の職人芸、つまり芸技術です。当時の和牛は日本在来種の性質を受け継ぎ、飼育すると筋肉に脂肪が混ざり易く、その混ざり具合が、和牛の肉の、他の品種にない柔らかさと旨味に繋がっていることがわかったのです。そこで今度は、脂肪と筋肉の混ざりを増やす飼育法と、そのための品種改良が進められました。その結果、黒毛和種が脂肪と筋肉が混ざり易い種であることがわかり、その後は黒毛和種の品種改良が進められました。

ただしヨーロッパには、牛の脂肪分を恐れて食べない人もいます、牛の脂肪分には飽和脂肪酸の割合が高く、それが低密度リポ蛋白質の割を高め、引いては人体のコレステロール水準を高め、動脈硬化を進行させるのを人は恐れるからです。

牛の脂肪分を恐れる人は、魚の方を選び、オリーヴ油を沢山かけた食事を選びます。魚とオリーヴ油の脂肪分では、不飽和脂肪酸の割合が高く、それは高密度リポ蛋白質を作り、逆にコレステロールを洗い落としてくれるからです。

実際には全ての牛の脂肪分は、何種類もの飽和脂肪酸群と不飽和脂肪酸群を含んでおり、それらの割合が問題なのです。オーストラリアのディーキン大学での分析によれば、和牛では、モノ不飽和脂肪酸／飽和脂肪酸の割合が、他の牛に比べて三倍も高いことがわかりました。それは魚の脂肪酸と同じで、むしろ体に良いことになります。ただ、オーストラリアは和牛肉の最大の輸出国なので、もっと利害対立の少ない国からの確認が必要でしょう。

和牛の場合は、その脂肪分は二十度という低い温度から溶け始めるという特徴を持っており、それはオレイン酸というモノ不飽和脂肪酸のせいであることがわかりました。和牛の霜降りの半分はモノ不飽和脂肪酸であり、健康に良いばかりか、とろけるような味の旨味を与えてくれるようです。オレイン酸のようなモノ不飽和脂肪酸は、健康に良い高密度リポ蛋白質の割合を高め、旨味と健康の一石二鳥になります。そこで今では、和牛の飼育で、オレイン酸の割合を増やそうとする飼育法が採られているようです。

何と都合の良い話でしょう。日本の養牛者の努力は報われました。ただ、あまりに話がうま過ぎ、疑いも少しは湧いてくるかも知れません。だけどご心配には及びません。和牛は高価過ぎて、月に一回も食べられる代物ではなく、その位の頻度なら、大勢には殆ど影響ないはずです。

さて、〝コーベ・ビーフ〟は和牛の一種の商品名であり、但馬牛を兵庫県で育て、姫路にある二つの公認屠殺場で屠殺した製品です。二〇一〇年の初めまでは輸出は禁じられていましたが、今は解禁されたらしく、パリ十七区のポンスレー通りの路上市場で、私も買うことができました。切り面を一見したところ、シャブシャブで使う肉の霜降りが見えず、本物かどうか疑いが湧きましたが、何しろそれほど高くなかったので、その点を正しもせずに買いました。何でも欧州ではモナコの、イタリア系の名前の料理長が独占販売業もやっており、毎月日本から仕入れられるのは、たった十二頭に限られているそうです。パリでは主食として食べると、ちゃんとしたレストランなら二万五千円かそこいらは取られるそうです。果たして、買った和牛を食べてみて、特に美味しいとは思いませんでした。

その内に、非公認の和牛があることを知りました。しかも、その方が十倍は多く出回っているそうです。非公認はオーストラリア産かイギリス産、私が買ったのは、コーベ・ビーフと勝手に名付けたそれだったようです。日本の評判のために、少し心配にさえなりました。

ここで、ヨーロッパでの和牛の歴史を説明しなければなりません。パトリック・デュヴァル氏によれば、ある裕福で殊勝なベルギー人ヨハン・ヘメレール氏は、ロンドンのフランス料理屋で味わった和牛の味が忘れられず、ヨーロッパ大陸に戻ってから調査に乗り出しました。ヘメレール氏によれば、和牛が日本から外国へ出たのは、一九七〇年代の終わり、ワシントン大学がその遺伝子を研究するために要求し、それに応じて何頭かが輸出されたそうです。ただし別個に、一九七六年、日本からコロラド大学に四頭のオス（二頭が黒、二頭は茶）が、研究目的のために送られた、という情報があり、ヘメレール氏の説は、この事件に相当するのかも知れません。

ただ、日本は雌和牛を提供しなかったので、これらの雄和牛は現地の他の種と交雑されました。しかもアメリカ人は、これらを 米国純血和牛（American Purebred Wagyu）と呼ぶので、日本産の純種と混同し、話はややこしくなります。

一九九三年、ワシントン州立大学はテキサスＡ＆Ｍ大学と共に、三頭の雄和牛と二頭の雌和牛（頭数には議論がある）を日本から輸入し、その後も米国だけは、日本から何回か雄雌和牛を輸入したそうですが、日本は一九九七年に和牛を国宝に指定し、輸出を禁止しました。しかしそれまでに、二百頭近くの和牛が米国に入りました。今では米国には、五千頭に近い純粋な日本和牛が生きているそうですが、本当かどうか。

オーストラリアには一九八八年、和牛の胚と精子が輸入されましたが、現地の他の種と交雑されました。一九九〇年、一頭の雌和牛が輸入され、翌年には冷凍精子と胚が輸入されました。上に述べたように、一九九三年、日本から米国に五頭の和牛が輸出されましたが、オーストラリアはそれを何らかの形で入手し、この国の和牛の遺伝子に大きな影響を与えました。

一九九七から一九九八年にかけ、日本人の養牛者がオーストラリアに移住を望み、自分の所有する数百頭をも移住させるように当局へ要求し、十年以上かかりやっと、八十四頭のメスだけを移住させることができたそうです。オーストラリアには純粋な和牛が二万頭近くいるという話ですが、これも本当かどうか。しかしオーストラリアは、日本の外では最高の和牛遺伝子を持ち、雌和牛と現地の雄牛と交雑し、日本の七倍もの和牛を輸出しているそうです。

ベルギー人のヘメレール氏の調べでは、米国に輸入された和牛は、研究の後には現地の牛と交配され、本当の和牛ではなくなりました。米国には純血種（Purebred）と交雑種（Crossbred）と完全血統（Fullblood）の三種がありますが、純血種とは、百％雄和牛を現地の雌と交配させ、できた若い雌牛を百％雄和牛か雄純血種と交配させ、同様にして四回交配させてできた和牛です。なので、その遺伝子は百％雄和牛に比べると劣ります。しかし百％雄和牛でも、日本の和牛に比べると質が劣るそうなので、やはり日本の気候、土地、技術などの問題があるのでしょうね。

ヘメレール氏がもっと調べてみると、米国では三頭の日本生まれの純粋な雄和牛が生きていることがわかりました。残念ながら、雌和牛はいません。しかしオーストラリアには逆に雌和牛がいます。ベルギー人はインターネットで米国製精液を買って冷凍させてオーストラリアへ送らせ、やはりインターネットで、当地の雌和牛へ人工受精させる交渉をしました。そして数週間後に胚を採取させ、液体窒素で超冷凍させ、ベルギーへ、ヘメレール氏の許へ送ってもらいました。

ヘメレール氏はその胚を、シャロール種の雌牛、フランスで有名な食用牛、に移植して出産させるよう、フランス政府と交渉しましたが、仏政府はそれを違法だとして拒絶しました。二〇〇五年、代わりにベルギーのホルスタイン牛に導入。数カ月後、このベルギー人は、感慨に耽りながら、ロンドンのレストランから始まったこの冒険の大団円である、出産の場面に立ち合いました。歴史上初の、ベルギー製和牛。

二〇〇七年、ベルギー人は出産した子牛たちを、フランス北部の自分の農場に移して育てました。二〇〇八年からは和牛の胚をシャロール種やオーブラック種（生産性がよい）へも移植しました。この和牛は欧州生まれのなので、法律違反にはならないからです。かくして二〇一〇年時で、百頭近くの和牛が存在しています。

その後に、あるレストランのメニューで〝ナーント和牛〟という料理に出会いました。ナーントはフランスの大西洋岸のブルターニュ地方の大きな町なので、そこでベルギーとフランス北部で生産され始めた胚育ちの和牛を育てているものと思われます。

ヨーロッパばかりか、サウジ・アラビアの宮殿では、モハメッド・ベン・サルマン皇太子はいつも和牛を愛食しているそうです。彼は十五日毎に私有ジェットをドバイへ飛ばせ、好物の和牛とジラルドー牡蠣を買ってこさせるそうです。サウジ・アラビアでは両者とも衛生上の理由で、輸入が禁じられているからです。和牛ばかりか、ジラルドー牡蠣と言えども、今の欧州の牡蠣は殆どが日本種を移植して養殖した物ですから、日本はサウジ・アラビアに武器こそ売りませんが、陰ではその安寧に大きく貢献しているようです。しかし、ジ・エコノミストによれば、和牛の最大輸入国は驚いたことに、カンボジアだそうです。その後に中国へ再輸出している、と疑われています。

　ここでは述べませんが、干し柿を作る技術も日本の職人芸の賜物ではないか、と思います。日本で、日本製より安い中国製や韓国製の干し柿を食べてみた時、私はそう思いました。

漆の上塗り

　友人のジャン－ピエールはフランスの秀才校を出た後、就職先から選ばれて日本に留学し、二年過ごしましたが、彼によれば日本の文化は漆を塗ったお椀みたいなもの。漆を何度も重ねて塗り、その回数ごとに値段が上がる。日本人は何度上塗りしても平気、それが下の地塗りを傷めない限りにおいて。それが日本の文化の本質であるようです。日本の文化は外国からの文化をそのまま上塗りして行きます。それが下地を傷めない限り、ですが。そして時間が経つと、下地の影響で、いつの間にか、外国製上塗りは日本風に同化されているのです。明治開化からの掛け声である〝和魂洋才〟の精神を守っているのです。つまり日本の伝統とは、古めかしい過去への復帰ではなく、長い目で見て起源を恒久化する文化です。

　漆ばかりか、化粧でも、日本女性は色んな物質を重ねていく芸術をマスターしているように、私は思います。

フランスの文化は、海外からの影響は脅しと取り、拒否するのが普通です。まるで、それがフランスの文化に汚点を残すかのように。日本とは何という違いでしょう。

ところで、洋食は、日本人の体を西洋人並みに大きくする目的で輸入されたと聞きました。特に、洋食は準備し易いので、母親に人気が出たのでしょうね。しかし洋食が本当にモテタのは、経済成長期の一九八〇年代までで、その後には、洋食は日本化され続けたようです。私はこんな例を聞きました：

カレーはインドからイギリスを経由して日本に入ったそうですが、今は日本化されてしまい、逆にインドへ輸出されています。その他にも、ハンバーガーはパン粉で揚げられてメンチ・カツに変わり、ナポリタンは今では、煮たスパゲッテイを冷水で洗い、ケチャップの中で野菜と一緒に油揚げされるそうですね。

オムライスとはケチャップで味を付けたご飯をオムレツで覆った軽食ですが、それが〝ヤマト・イングリッシュ〟となり、今ではパリで〝オムライス〟という名の軽食屋が開店し、サンドイッチやハンバーガーに代わる、幾つかの種類のオムライスを食べさせてくれます。

ステファン・レイノー氏は、日本人の改善の物語を次のように語っています。

フランスのボルドー地方の原産地統制銘柄サン・ジュリアンの領域のシャトー・ラグラン

ジュは、第二次世界大戦後に荒れたまま、ほとんど保全がなされず、シャトーの建物も一部が一九五〇年代の火事で焼失するという有様でした。

一九八三年、佐治家はシャトー・ラグランジュの一四二ヘクタール（原産地表示〝サン・ジュリアン〟では最も広い領域）をかなり安価に買い取りましたが、すぐに改善に取り掛かり、買値の三倍以上のお金を投資したと言われます。その領域の建物群は、元の小村に復元され、天然資源保護の表示〝Terra Vitis〟を早期に取得し、社会問題になる前から炭酸ガス排気への対策を立てました。収穫ブドウの一部は、必ず分析用に使われています。

所有者からの至上命令は、〝可能なだけの最高のワインを作ること〟でした。そのために技術手段を改善し、領域内に百ぐらいの小区域を同定し、その数と同数の大桶を設置し、それらを貯蔵するために三個の大蔵（縦が百メートル以上、縦は十メートル以上）を建設しました。

この領域は殆どがよいテロワール（日本語で「土地」）を持っているので、ワインの質は収穫の日と、ブレンドする時の葡萄の選択によります。殆どのシャトーがブドウ汁の60－70％を最初のワインに割り当てるのに対し、シャトー・ラグランジュは30％しか割り当てません。一般には、最初のワインが皆の注目を集めますが、シャトー・ラグランジュは二番目のワインも素晴らしい葡萄を利用しています。長い間、原産地表示〝サン・ジュリアン〟の中で、シャトー・ラグランジュは醜いアヒルの子の存在だったのが、大きなファンファーレもなく、音も立てずに、いつの間にか大サン・ジュリアンとなってしまいました。

そして二〇二〇年、シャトー・ラグランジュのオレンジ貯蔵庫の中に鉄板焼きのレストランが開店し、刺身や天ぷらも味わえる日本料理の食事スペースにもなりました。

中国人も二〇〇八年頃から、ボルドー地方のワイン畑を買い始め、数年の内に全体の三％に当たる一五〇〇近い畑を買い取りました。しかしワインへの愛情からの買収ではなかったので、今では多くが困難に陥っているようです。

さて、ウイスキー。日本人がウイスキーらしい物を知ったのは、一八五三年にペリーが東京湾に侵入し、天皇にバーボン・ウイスキーを提供した時らしい。その後、一九一八年、竹鶴政孝はスコットランドに送られて研修し、製造技術を日本へ持ち帰りました。

世界が日本のウイスキーに注目し始めたのは、二〇〇一年にウイスキー・マガジンが〃ニッカ・シングル・キャスク十年〃を最高ウイスキー、〃サントリー・ヒビキ二十一年〃を二番として選んだ時でした。そして二〇〇三年には映画〃ロースト・イン・トランスレーション〃のお陰で、日本ウイスキーは一気に有名になりました。

二〇一一年の世界ウイスキーズ褒章の会では、六分類の内で主な三つで最高賞を獲り、いつの間にか、生徒が先生を追い越したのです。しかし、これは革命ではなく、日日の精進の賜物。一九二四年、寿屋（今のサントリー）の山崎の蒸留所を建てたのが日本では最初で、寿屋の従業員だった竹鶴政孝がスコットランドで勉強した後、北海道の余市に別の蒸留所を建設、それが一九三四年でした。そして一九五二年、竹鶴はニッカウヰスキー株式会社を設立しました。サントリーもニッカもスコットランドに蒸留所を買い、まずは学び、分析し、理解しようとしました。

アラン・サロート氏は、日本人の成功を、辛抱強い改良とウイスキーの昔からの伝統を犠牲にしていない点に帰しています。特に秀でているのはブレンド（麦芽ウイスキーと穀粒ウイスキーの混合物。穀粒はトウモロコシ、小麦、ライ麦のどれでもよい）で、麦芽ウイスキーの割合を高く保って、穀粒ウイスキーの種としては、流行りの小麦やライ麦ではなく、伝統的なトウモロコシに固執している点だそうです。それだけの話なら、日本人は真に伝統的な製造法に従っているだけなのでしょうに、それでも他のウイスキーから抜きん出るとすれば、やはり日本人の職人芸がどこかで差を作ったのでしょうね。それがどこかは、サロート氏にもわからなかったのでしょう。

かつて日本が中国や朝鮮から輸入した米や麺や餃子や茶ばかりか、漢字や禅や囲碁や武道や陶磁器や繊維・織物までも、日本人は世界に誇る職人芸で日本化してしまいます。しかも日本の織物は伝統的に、現代の天然資源節約の問題を先取りし、繊維を再使用できるように作られているのです。〝こだわり〟と〝正確さ〟と〝子供心〟と〝器用さ〟で。

職人芸の極致

一九六〇年代、木村資生《もとお》博士は概ね、次のように発表しました。

「遺伝子の突然変異は、生き物の中の分子の水準で見ると、自然環境に対して有利でも不利でもない中立的なものであり、その変異遺伝子は無作為に浮動して集団中に広まる」

これがダーウィンの〝自然淘汰説〟やラマルクの〝後天性特徴の遺伝説〟に対する、いわゆる〝中立進化説〟です。

ダーウィンやラマルクの説は、眼に見える、生物の外観に基づいているのでわかり易いのですが、木村説は生物の内部で起こる現象に基づいているので、人の眼には見えません。最初は専門家でさえ、この説はダーウィンの進化論を否定するものと理解し、彼らの顰蹙《ひんしゅく》を買ったぐらいですから、素人の私達に理解できなくても、恥じるには及びません。

その説の〝感じ〟を摑むには、すでにやったように、まずは遺伝学の初歩に戻らねばならないようです。遺伝子は四種のデオキシ・リボ核酸（または簡単に〝塩基〟と呼び、アデニンA、シトシンC、チミンT、グアニンGの四種がある）を繋いで出来上がる鎖です。簡単な例を探すと、これら塩基の内の三個がG－C－Cの順に繋がってできた遺伝子は、アミノ酸群（蛋白質の構成単位）の中で最も簡単なアラニンの合成を指示します。さて、突然変異により、この最後のCがAで代替され、G－C－A（対立遺伝子と呼ばれる）になったとします。ところが、この対立遺伝子も、同じアラニンの合成を指示するのです。つまり、このような単塩基の変異の多くは、外部に影響を与えないまま黙って潜在しているのです。このような変異の変異率は一定しており、その変異の多くには、特定の傾向はありません（中立進化説の前半部）。そして、このような新しい対立遺伝子は、集団の中で無作為に浮動し、消えてなくなるか、または稀には集団の中で増えて、その集団の一般的な特徴になります。そうなった場合は、以前の遺伝子に代わって、新しい遺伝子が生まれたことになります。多くの進化的な変異はこのようにして起こります（中立進化説の後半部）。この中立進化説に基けば、人間とチンパンジーが共通の先祖から分枝して何年経ったか、を推定することもできるそうです。

対立遺伝子が浮動して広まるには、偶然の運の良さや、環境への適応性が関与することになります。従って、この説はダーウィンの説く自然淘汰を否定するものではなく、並行して起こり得る現象だと考えられるようになりました。

この説は、ダーウィンやラマルクの説みたいに眼に飛び込んでくるような説ではなく、地味で、直感的にはわかりにくいこともあり、なかなか陽が当たりませんでしたが、やっと世界的に認められたようです。私には、この中立進化説に至る研究は、日本人の地味な職人芸の極致のように思えてなりません。

一方、大隅義徳博士は顕微鏡の下で、酵母が自分で自分を食べながら生き延びる機構（〝自食〟による再生利用の機構）を発見しました。酵母は細菌やカビと並ぶ微生物であり、一つ一つは眼に見えません。それを見るには顕微鏡が必要です。大隅博士は酵母を液に浸して、その動きを観察しながらほぼ半生を過ごしました。博士がこんな研究を始めた理由は、〝誰もやっていなかった〟からだそうです。

細胞を溶かす〝溶解酵素〟を含む水泡はすでに知られ、〝自食〟の現象は二段階でなされることはすでに知られていました（まず、再生利用すべき細胞成分は、泡みたいな状態で脂肪膜の中に集められ、次に、その脂肪膜が溶解酵素の水泡と合体し、自食が起こる）。しかし酵母は小さいので、内部の動きまではなかなか観察できません。そこで博士は酵母の中の溶解酵素の製造を阻止し、さらに細胞を貧困状態に置いて脂肪膜が大きくなるようにし、それを顕微鏡の下で観察し、細胞廃棄物がどのように貯まるかを調べたのです。そして遂に、酵母が自分で自分を食べながら生き延びる機構を発見し、次に、脂肪膜の中味を作り出す遺伝子を同定しました。これは私には、日本人特有の、準備と細心と根気の職人芸に思えてなりません。

しかし、それだけでは、この芸術がどんな役に立つのかわかりません。〝自食〟に関しては人間も酵母も似通っており、脂肪膜の中味を作り出す遺伝子の同定によって、病原菌やウイルスが人体に侵入した時に人間の自食機構がどのように自衛するか、あるいはパーキンソン病や一部の糖尿病（自食がうまく作動しない時に起こる病気）の理解を助けるのです。

約百五十年前、メンデルはエンドウ豆を使って、皺のよった特徴と滑らかな特徴がどのように伝達されるかを調べ、雄側と雌側の親にはそれぞれ二つの対立遺伝子があり、その片方ずつだけが子孫に伝えられるという、歴史的な発見をしました。大隅博士の発見はそれに匹敵する生物細胞学の革命だと言われ、今では〝自食〟に関する分野での専門雑誌があるほどです。ノーベル委員会もこの発見を祝し、通常は三人（時には二人）に与えられる医学賞を、この年のノーベル賞は大隅博士一人だけに制限し、大隈博士の業績を称えたほどでした。

さて、生き物の細胞の中で、核と言えば、その細胞の殆ど全ての遺伝子を含み、その細胞の成長や代謝やすべての活動を調整したり規制したりする、つまり、生き物の情報と管理の中心部です。一九六二年、ジョン・グアードン博士は、ある蛙のできたばかりの卵の細胞から核を抜き出し、その代わりに、別の、成長した蛙の腸の細胞から抜き出した核を移植しました。そして、その卵から、健康体の蛙へと成長させるのに成功したのです。

この成功が意味するのは、一度は成長してしまい、役割が決まってしまった大人の細胞（皮膚や内臓などに分枝してしまっていた細胞）を、時間の経過を逆戻りさせ、生まれたばかりの、まだ役割が決まっていない胚時代の細胞（分枝前の基幹細胞）へ若返りさせることができる可能性を示していました。何しろ今から半世紀以上も前の話で、世界は殆ど、その話を忘れてしまっていたことでしょう。

それを再現し、利用可能にしたのは、山中伸弥博士でした。山中博士らは胚の段階だけで活性のある二十数個の遺伝子群を、分枝した後の大人細胞の中へ入れ、辛抱強く実験を繰り返したら、遂にうまく行ったのです。最後には四種の遺伝子に制限し、それらの遺伝子が製造する信号蛋白のせいで、大人細胞が時を遡り、基幹細胞の胚の状態に戻ったのです。しかしその転換率は低いし、若返り遺伝子は突然変異するし、で、その後のツメが大変だったことでしょう。そこでは日本人の、辛抱と技巧と固執の職人芸が物を言います。

これは歴史的には、ジェンナーによるワクチン発明や、フレミングによる抗生物質の発見に匹敵する大発明だと言われています。

こんな発明もあります。最初のレーザー光線は一九二七年にロシアで波長の長い赤色の光線として発明され、その後の発展で、指示灯なんかで使われていました。そして一九九〇年代、日本の学者と技術者が最初の青色の発光ダイオードを作りました。このことは、赤と青の中間の波長を持つ緑色の光線を作れば、これら三色を混ぜて白色を作れるので、エジソンが発明した白熱電球に置き換わる、白色の発光ダイオードが開発される可能性を示します。それが実現されたのは、赤坂勇博士、天野浩博士の基礎研究と、中村修二博士の実用化研究のお陰でした。実際に白色の光線はすぐに作られました。しかし普通に使える発光ダイオード（ＬＥＤ）の白色電球を作るには、また色んな改良が必要です。それを成し遂げたのも、主として日本人の職人芸でした。このＬＥＤ電球は、これまでの白熱電球に比べてエネルギー消費が遥かに小さく、今では世界中で使われています。

IV

日本語が日本人を作る

母国語と外国語では、学ぶ時に用いる脳の部分が違うそうです。リボの法則によれば、脳の機能障害を受けた人でも、母国語の手腕は保存されます。つまり能の損傷によって酷い言語障害が起こっても、それは第二の言葉が不足するだけで、母国語には影響がないのです。このことは、母国語を学ぶことがいかに重要か、を示しています。

別のフランスの研究者は付け足しました。

「日本人には、カナを使うときも漢字を使う時も、左脳の働きが主体になるが、漢字を読む時には視覚を増すために右脳の助けが必要になる」

東京在住の米国の外交官は、国際外交に関与すればするほど、文化が関与してくることがわかる、と言い、特に日本人は〝永遠の他人〟のマスクをしており、言葉の背後の意味を読まなければならない、と述べました。

別の人は、別の角度から、日本人の外交の下手さは、全員一致的な近づき方から来ており、それは日本の文化と日本語に基づく、と考えました。

すでに十六世紀半ば、フランシスコ・ザヴィエル神父は日本語を、悪魔の言葉だ、とローマ法王に報告したそうです。

欧州の言葉の書体は、話し言葉を忠実に写すのに過ぎないのに、日本語はその役は平仮名と片仮名に任せ、さらに漢字という、視覚を使って読む書体を使います。そのような日本語の構造は、レヴィ＝ストロース翁が指摘したように、日本人の性格に大きく影響しているようです。

先に挙げたジャン‐ピエールは夜の日本語の学校で、形容詞が時に動詞の代わりに使われることを知り、厄介なことになったな、と思いました。また覚えなければならないことが増えるからです。それは〝形容動詞〟と呼ばれました。

しかしジャン‐ピエールはすぐに、日本語の〝形容動詞〟はヨーロッパでは〝動詞（verb）〟と呼ばれる形態の一部を成し、存在を示す動詞（be動詞＋形容詞）に当たるのに気が付き、安心しました。それならジャン－ピエールにだって、既知の文法です。

ヨーロッパでは、日本語の動詞に当たる言葉は英語では〝verb〟、仏語では〝verbe〟と、かなり抽象的ですが、これがドイツ語になると〝Zeitwort〟（つまりは〝時の言葉〟）であり、とても具体的です。つまりヨーロッパ語では、日本語の〝動詞〟に当たる〝verb〟には、動きを表す他に、状態や性質を表す表現が入っているわけです。どうも英語の〝verb〟を動詞、つまり動く詞、と訳した時に、英語と日本語は分枝したようです。日本語では、状態や性質を表す表現は〝形容動詞〟として別個に分類されているようなのです。私は日本語での分類を、非常に繊細な考えだな、と思いました。

それに日本語の動詞は、他の国の言葉、特にインド－ヨーロッパ系の言葉では一言では言い表せられないニュアンスを含んでいます。

例えば、〝遊ぶ〟、〝遊ばせる〟、〝遊ばされる〟、〝遊ばさせられる〟などの表現を考えてみてください。

欧州、特にイギリスでは、相手へ敬称（Sir, Lord など）を付けるだけで階級を示し、話術を変える必要はありません。日本ではその他に、動詞を変えたり、文章を変えたりします。つまり、向かい合う相手によって話術を変えなければなりません。

物なら〝ある〟、〝あります〟、〝ございます〟。人なら〝いる〟、〝います〟、〝おります〟。
ジャン‐ピエールは日本人の同僚が何か操作をしているので、自分のフランス語を日本の学校で習った日本語に翻訳して尋ねました。

「何をしていますか？」

同僚はジャン‐ピエールを冷やかすように答えました。

「それは外国人の日本語だよ。この場合は〝何をしているのですか？〟と言うのが本当の日本語だ」

それは、二人の間で共有している〝何か〟についての質問だからだそうです。質問を呈する者は、相手が何かに対応しているのを見ている状態だからです。つまりジャン‐ピエールと同僚との関係が表現に含まれているのです。こんな言葉の彩はヨーロッパ語では一言では出せません。

このような詳細の違いは、日本の〝神道〟と〝仏教〟が西洋風の〝religion〟と訳され、それが日本語に逆翻訳されて〝宗教〟になってしまったことにも通じるように、私は思います。お陰でヨーロッパ人は〝日本人は二つの宗教を同時に信じることができる超人か〟、と頭を傾げてしまいます。

日本語には、母音と子音しかありません。全部でも数えるほどしかないので、ジャン‐ピエールは数えてみました。これはレヴィ＝ストロース翁の言う、〝分析と系統的批判を推し進め、理論的な判定の極を極めるフランス人〟が、未知の日本語に接近する時にどんな態度を取るか、ジャン－ピエールの態度は、その良い例になります。

「母音に関しては、主な五個の母音（あいうえお）と、三個の濡れたy母音（いあ、いう、いお）と四個の濡れたw母音（うわ、うい、うえ、うお）がある」

私は最初の五個しか考えていませんでした。

「子音に関しては、七個の主な子音（k、s、t、n、h、m、rなどの各行）と、五個の濁り子音（g、z、d、b、pなどの各行）、三十六個のy足し子音（きゃ、しゃ、ちゃ、にゃ、ひゃ、みゃ、りゃ、ぎゃ、じゃ、ぢゃ、びゃ、ぴゃなどの各行）、二個のw足し子音（くぁ、ぐぁの各行）。合計して百とちょっとの発音しかない」

これは、普通のヨーロッパの言葉に比べて、四分の一か五分の一の数に過ぎません。その結果、沢山の同音異義語ができます。私がいつも挙げる例は、〝神〟、〝紙〟、〝髪〟、〝上〟、〝加味〟、〝噛み〟の場合です。従って会話をうまく理解するには文脈を摑まなくてはならず、会話で即答するには向いていないように思えます。

ただ、会話では不明瞭な場合でも、書体で見ると漢字で書いてあるので、どの意味かすぐにわかります。そのせいで日本人は書類を好み、またそれが、日本には文盲が少ない原因なのでしょう。

ところが意外にも、日本人は、会話中に応答するのが最も早い国民の内に入るそうです。時には質問する人の話が終わる前に答えるのです。私は、それは、日本人の内気さから来るものだと思います。あるいは、何もわからない内に礼儀上、〝ハイ〟と答えるのも、統計の中に入れられてしまったのかも知れません。

また日本語は、短い時間に多くの情報を伝達する、その点でも知られています。それが都々逸、和歌、俳句、川柳などの短くて密度の高い芸術を生み、言葉を超越して、ロラン・バルトが名付けた〝表徴の文化〟（宗教での儀礼面の優先、芸術やスポーツでの型の重要さ）を作り上げました。表徴は話しながら色んな身振りで表現することもできます。フランス人はそれが得意で、一般には頭や顔の動きから始めます。ところが日本人は、むしろ両手の動きで形を描いたりして示すのが普通ですよね。

遂には日本人は〝オー〟とか〝ヤー〟の掛け声しかない漫画を流行らせ、今では〝絵文字〟や、町や駅の〝マスコットキャラクター（ゆるキャラ）〟の文化を生みました。

ここで〝生き甲斐〟という日本語を挙げてみましょう。ヨーロッパにはこの言葉に該当するような、同じ位に短く、意味の深い単語はありません。無理に作ろうとしたら、恐らく〃人間が存在する理由と、生きる喜びを同時に意味する〃というように、長たらしい文になってしまいます。この単語は、日本人であれば本能的にわかっている言葉であり、分析する必要も感じまいと思います。しかしヨーロッパ人は、分析しないと気が済みません。図式で示せればさらに良い。

2014年、英国の企業家マーク・ウイン氏は、遂にそれをやってのけました。〃生き甲斐〃を知るためには、四個の相似形の輪を想定し、その各々に別々の主題を宛てがいます。これら四つの輪を、四つの花弁の花のように、隣り合わせ、お互いに重なり合わせて描きます。輪1：やりたいこと、輪2：世間が求める物、輪3：受ける報酬、輪4：自分がやれること。

輪1（やりたいこと）では、熱情と任務が必要であり、それらが重なる〃域1〃ができる。

輪2（世間が求める物）では、任務と適性が必要であり、それらが重なる〃域2〃ができる。

輪3（受ける報酬）では、適性と職業が必要であり、それらが重なる〃域3〃ができる。

輪4（自分がやれること）では、職業と熱情が必要であり、それらが重なる〃域4〃ができる。

そして、これらの四つの域1、2、3、4が重なり合うところが〃生き甲斐〃と定義される概念となります。要約すれば恐らく、熱情、任務、適性、職業、これらが重なり合えば〃生き甲斐〃が感じられる、という意味なのでしょう。これがヨーロッパ一般の考え方だとすれば、結果よりも、そこに行き着くまでの経過が重要なのでしょう。

ヨーロッパでは〝話力〟は〝読力〟と〝筆記力〟と同程度に重視されます。フランスでは、ほとんど、どの学校でも最後には口頭試問があり、そこで篩分けがなされます。もちろん、口頭の前には筆記を通過しなければならないのが普通ですが、逆に口頭試問が大切なエリート校もあります。結局、口頭で試されるのは、理論的な話術と、例え間違った答えをして不利な立場に陥っても、それをいかに切り抜けるか、の力を試します。ただし口頭では、人物の性別や容姿ばかりか、社会層や育ちや名前（有力者の家族かどうか！）が開示されるので、結果に客観性が少なくなるのは避けられません。フランスの口頭試問では、女性はスカートで行った方がよい、という先輩の深刻な忠告もありました。しかも、知力とは関係なく、内気な人は損するでしょう。

話術では、複数の人々を前に、立ち上がって発言する勇気が必要です。フランスやイタリア、スペイン等の旧教でラテン文化の人々は、体裁や話し方を考えずに、まずは何か発言し出す傾向があり、即興性に富んで面白いとは言えるかも知れません。しかし最終的には、何と言っても、しっかりした弁論術が物を言うでしょう。それは日常の会合や討論で学ぶものです。人前で話すのが怖い人は、〝うまく話せるか〟なんて心配は横に置き、他人を見ていて、それを参考にすることです。発言の中での魅力は、その脆さや躓きであることを、自分に納得させなければなりません。よくしゃべるフランス人でも、過半数は人前で話すことに不安を感じているそうです。従ってフランスでは、その不安を解消するように教育します。

英米はもっと進んでいて、生徒の自然性を重んじ、小さい頃から、学級で立ち上がって、級友の前で自分の好みのことを話す訓練をしています。弁論を商売とする弁護士でも、実際の仕事は、映画で観るような劇的なものではなく、込み入った問題を裁判官にわかり易く説明するのが、その仕事なのです。

しかし日本人には〝沈黙は金なり〟という諺があるし、仏陀の言葉として〝話さないこと〟という教えがあるそうで、よく話す人は考える時間を持たない浅薄な人だとみなされるかも知れません。今ではヨーロッパでも、日本人のそのような性格が理解されてきたようです。

日本語の構造は、もちろんインド・ヨーロッパ系の言葉ではなく、中国語にも似ず、アルタイ系だとかポリネシア系とかモンゴル系だとも言われていますが、これらが混ざっているのかも知れません。

大野晋氏によれば、古代語は最初に南方の芋栽培文化の南洋語、次に雑穀栽培と道具文化の原タミール語、その上に稲作文化を齎《もたら》した高麗系のアルタイ語の混ざった言語だそうです。最近の遺伝子の分析によれば、アフリカを起源とする移民が三度も日本を訪れていることがわかりました。最初は旧石器時代、次に縄文時代、最後に弥生時代。大野氏の説は遺伝子による分析と何となく一致していますね。

一方で、梅原猛氏と藤村久和氏はアイヌ語を重要視するそうです。でも結局は、誰にも確定的なことは言えないようです。

一九〇八年、〝旨味〟は、甘さ、塩辛さ、酸っぱさ、苦さなどに次ぐ五つ目の味であり、池田早苗教授により、それは昆布が含むグルタミン酸塩であると同定されました。その後に、鰹節が含むイノシン酸塩と、椎茸が含むグアニン酸塩が、同様に旨味の基である、と同定されました。しかし欧米の専門家たちは懐疑的で、長い間、この五番目の味を認めませんでした。彼らが認めなかった別の理由は、旨味は定義が曖昧で、他の成分みたいにちゃんとした欧米語に翻訳できなかったせいだと思われます。しかし我々の舌の中で味の認知に関与する特定部分が、グルタミン酸の受容体を含んでいることが発見され、胃や腸などの内臓の多くにもグルタミン酸塩への味覚受容体があることが確認され、旨さを第五の成分として認めざるを得なくなりました。ただ、適切な欧米語がないので、〝ウマミ〟という日本語が使われています。一般に蛋白質はこの旨味を含んでいますので、旨味は蛋白質の味だ、と言えるのかも知れません。

しかし日本人の教える物には、味覚の副産物として、もう一つあると思います。それは〝歯応え〟です。日本の梨が他の国の梨から区別できるのは、その〝歯応え〟です。日本のお菓子の「大福」が欧米のお菓子から区別できる最も大きな点は、その〝歯応え〟ではないか、と思います。〝大福〟を初めて食べた欧米人は、まだ慣れてない間は、何と変なお菓子かと、嫌いはしなくても、怪しがったものです。しかし彼らも慣れてくると、その〝歯応え〟が忘れられなくなり、大好きになりました。それは、その〝歯応え〟が昔に食べた時の経験と状況を思い出させ、脳で感じるのかも知れません。この感覚には、〝テクスチャー〟（組織）という欧米語が宛てがわれています。しかしこの欧米語は、日本語の〝歯応え〟（噛むときに受ける感じ）とは少し違うように思えます。

外国人にとって、複雑だけど、とても面白いのは、物を数えるときに、対象の形や大きさによって、〝頭〟とか〝匹〟とか〝本〟とか〝個〟とかいう接尾辞を加える習慣ですね。

通訳をする場合、普通は外国語から通訳の母国語へ通訳しますが、日本人の通訳は日本語から外国語へ訳する方が楽だそうです。日本語の構造から、最後まで聞いて纏めなければならないから、まず頭にすんなり入って来る日本語で聞いて脳の中に貯め、それを秩序よく外国語へ通訳する方がやり易いのでしょうか。

いま流行りの人工頭脳では、その基礎には数学に基づく論理が必要です。その考え方は、答えがイエスかノーかによって電流を切る（ゼロにする）か、接続する（百にする）かの論理で詰めていって、答えを出すものです。それらの中間の三十とか七十という数値はありません。

しかし、〝ボヤケタ論理〟（？）という、一見して矛盾するソフトを発展させたのは、菅野《すげの》道夫《みちお》教授です。そのソフトは、最初は言葉の不正確さを真似るために開発されたので、日本語の特徴の〝曖昧さ〟と関係するのかも知れません。

ジ・エコノミスト誌によると、ヘリコプターの操縦者が人を救うために屋根の上に近づくような場合は、機を絶えず調整して空に浮かばせている訳で、操縦者は機の縦揺れや横揺れを熟知しており、その技能に頼るしかありませんでした。そのような調節過程を自動化するのは、一見して生易しいことではありません。

米国の理論家たちは、すでに一九六〇年代、〝ファジイ（曖昧）理論〟を展開し、人が〝多い〟とか〝少ない〟とか、気温が〝暖かい〟とか〝涼しい〟とか、通常の表現で使われる曖昧な状態を論理式に導入すべきかどうか、の論争を展開していました。しかし、それは確率論（例えば気温が二十度の時は暖かいとみなす確率は二十％、涼しいとみなす確率は五十％、など）を言い換えたものに過ぎないという説も有力でした。

論争を離れて、その理論を最初に実用化したのは、日本人の菅野道夫教授でした。しかもヘリコプターを遠隔操縦するのに、人の声を使うのです。すでに複雑きわまりない仕事に人の声みたいな曖昧な要素を加えるのはことを複雑にするだけのようにも思われましたが、実は逆だったのです。

菅野教授はすでに、曖昧な言葉を真似るためのやり方を研究しており、それを基にして〝曖昧ソフト〟を開発したのでした。

一般には、冷房機を調整するには、希望する室温（例えば二十五度）を入力し、モーター速度へ出力します。その代わりに、〝室温が高い〟を入力し、〝モーターの回転を上げる〟を出力すれば、〝高い〟と〝上げる〟が〝曖昧ソフト〟になります。〝曖昧ソフト〟では、その後に装置を試行錯誤で調整することになります。

菅野教授ばかりか、この分野での工業化では数人の日本の研究者の活躍が挙げられます。電車を適切な場所に止めるなどは、その応用のよい例になります。

また、建築とデザインの分野での日本人の才能は、日本語の筆記の影響が大きいのではないか、と私は思いました。漢字は角張って美しく、均衡のとれた枠や外郭の原型となり、カタカナや平仮名はその間を縦に横に斜めに交差して走って支える桟や綱木となり、素晴らしい美観の建築やデザインを作り上げるからです。

日本語と囲碁

日本語の会話は、多くが言い訳から始まります。

「私の先輩が事故に遭ったので、渋谷の赤十字病院まで見舞いに行ったら、綺麗なフランス人の女友達も来ており、彼女は日本語を話せないので、タクシーで駅まで送らなければならなくなってしまい、途中の道が混んでいたので、約束の時間に遅れてしまいました。すみません」

考えようによっては、手紙を書くときに始める季節の挨拶も、本題に入る前の言い訳を一般化したものでしょうか。

ヨーロッパの言葉では、概ね、究極の目的をまず述べ、その次に周りの説明を始めます。日本は逆に、周りの事情から固めていって、最後に目的を述べるようです。結局、日本語での会話は、囲碁の打ち手の心理を思わせるのです。

日本人は昔から、狭い社会で共生生活をしていますので、自己主張をし過ぎると悪く見られる風潮があるそうですね。そんな習慣からか、例え不遜な欧米人と対峙しても、日本人はあまり自己主張をしないようです。日本人がまず考えるのは、どのように譲ったら波を立てずに解決できるか、ということのようですね。

しかしヨーロッパ人の私達は、自分に都合の良いことだけを主張するので、日本人の方も当然、自分の都合だけを主張してくるものと信じて疑いません。そこでお互いに駆け引きし、どこかの点で妥協して落ち着くわけです。なので、日本人が正直に、相手と自分の利点と損点を勘案して妥当だと思われる案を提案してきたら、そんなことに無頓着な私達ヨーロッパ人は、それなら日本人はもっと譲れるはずだ、と誤解してしまいます。

日本人は、相手の都合を無視し、もっと自分の道を主張して進むべきだった、と思う点が幾つもあります。

最近のこと、外国との交流が多い日本のある省の公文書で、日本の時代（平成、令和など）の記載が廃止され、西暦だけに統一されたのは残念なことです。正直に言って日本暦を西暦に直すのは、それを必要とする外国人の仕事であり、日本がそこまで都合してあげるのは、譲り過ぎだと思います。何も日本の歴史を踏みにじってまで、外国人の便宜を考えてあげる必要はない。

私から申せば、西暦はキリスト教の教祖の誕生日が紀元であり、それを仏教や神道の皆さんに押し付けて、申し訳なく思います。しかも、この生誕日は、後世の信者たちが、推定により決めた日です。ユダヤ教は自分の紀元を持っています。それは世界が創造された日に当たり、西暦二〇〇〇年は五七六〇年に当たります。

つまり両方とも、かなりいい加減な紀元です。日本では神武天皇の即位年を紀元として通して数えるという案があったそうですね。それはユダヤ人の暦よりは正確度は高いようですが、日本には軍国時代に味わった国粋主義の悪い思い出があり、多くの国民がそれを認めない、と聞きました。ただ、平成、令和などは日本歴史の通し年号ではないので、一見して歴史の重みを測るには少し不便です。なので、日本歴史の通し番号があれば便利だ、という事実は変わりません。

他にも、日常の重要な習慣で、日本伝統の便利な指示法を放棄し、不便な欧米式へ率先して合わせてしまった例が幾つもあります。

年月日を書く時は、日本流の〝何年何月何日〟が最高に便利なのです。〝二〇二二年四月一日〟は電算機で簡略に書く時は２０２２．０４．０１となります。この順序で書けば、書類を経時的に整理する時に圧倒的に便利です。

仏独では〝何日何月何年〟の順序に書くので〝０１．０４．２０２２〟と簡略記述され、英米では〝何月何日何年〟の順序であり、普通は〝April ０１ ２０２２〟と書き、順序の混同が起こるので、全部を数字で書くことは絶対にしません。ところが日本の方は、時に、英米式に数字だけを用いて〝４．１．２０２２〟と書くので、ヨーロッパでは〝二〇二二年一月四日〟となり、えらい誤解を生じます。

一般には、私達が最初に知りたいのは、〝何日〟または〝何月〟に起こったか、ということより、まずはいつ頃に起こったか、ということのように思えます。それに最も適切に答えるのは〝年〟の指示ではないか、と思います。最近はヨーロッパでも、日本流の数字の並べ方を始めた公式文書も現れ始めました。

欧米人は友人の間では名で呼び合うことが多く、名で人を記憶しますので、書くときも名を姓の前に置きます。しかし文書や何やで分類するには、姓を先に、名を後に置く方が圧倒的に便利。同姓の人は同名の人よりずっと少ないからです。

日本人は欧米人のために、ローマ字で書いて上げる時は、わざわざ姓と名の順序を欧米風に換えてあげました。しかしそれは、日本人が相手の立場に立って考えてあげ過ぎる、過剰サービスだったようです。この点では、韓国人や中国人は日本人より首尾一貫して、アルファベットで書くときも漢字で書く時の順序を変えず、姓から名への順序で書くようですね。

一時期の中国人のテニス スター Li Na の話。日本人は姓名をローマ字で書くときに欧米式に再編成するので、それに慣れていた欧米人は Li が名で Na が姓だと思って、Na（ナ）と呼んでいました。実は Li（李）が姓であり、彼女を名の方の Na で呼んでいたことに気づいたのは、ずっと後のことでした。それからは、姓か名かを知る前に、まず国籍を同定する必要が生じました。

これなどは日本人の欧米風への迎合趣味が、国際関係で混乱を引き起こした例です。
最近はヨーロッパが東洋流の書き方の便利さに気が付き、公式文書では姓を名の前に書くようになりました。しかも、姓と名をさらにはっきりと区別するため、しばしば、姓は大文字、名は小文字（頭文字だけは大文字）で書きます。しかし英語国がまだこの方式に倣ってくれませんので、世界的な書法とは言えません。

住所の記述もそうです。アルファベットで綴る時も、日本風に、X県Y市Z町1丁目2―3、と書くべきだと考えます。英仏米風では日本の上記の住所が、2－3、Z町、1－CHOME、Y市、X県となります。郵便配達人は封筒の下から上へ読み上げるという逆立ちの立場に置かれ、何の特典もありません。ヨーロッパの中でもドイツは、通りの名だけは日本方式に近い、通りの名、次に番地、の順序に書いていています。

中国や韓国やインドは、西欧人が勝手に付けた町の名を拒否して、ペキンはベイジン、プサンはブサン、ボンベイはムンバイへと訂正させました。日本も響きの悪い〝ジャパン〟を止めさせて、ニッポンに変更させるべきとは思いませんか。ニホンでもかまいません。国の名前が二つある国なんて世界に例がないと思いますので、それだけでも日本という国は特異です。

V

〝国〟の性格

一つの国を定義するのは難しいものです。日本という国の性格を知るには、これも外国との差を比べてみるのが一番でしょう。

国の性格の内で最も雑な定義の仕方で、よく〝民族国家（ネイション・ステーツ）〟という言葉が使われます。〝民族国家〟という概念は、二百年少し前に提起されたそうです。〝ネイション〟という単語は、国連などを構成する抽象的な〝国家〟の意味でもありますが、第一の意味はむしろ〝国民〟とか〝民族〟という生き物でしょう。そして第二の意味として、その国民から成る政治形態が〝国家〟と呼ばれるはずです。

それならまず、〝国民〟という日本語があまり良くありませんね。そう呼ぶと誰だって、まず〝国〟が存在し、その〝国〟に住む者が〝国民〟だと考えるでしょう。しかし普通には、国民が存在して、そこから国ができるはずです。だから、私は〝国民〟よりむしろ〝民族〟と呼びたい。民族から国ができたからです。一つの国を構成する民族（ネイション）とは、共通の文化や祖先や言語や歴史など、できれば宗教も合わせて、緻密に編み合わされた人々の群です。国家（ステート）とは、この人々の群の住む、境界を付けた地理的地域を管理する政治形態だ、ということになります。

民族国家を維持するには税収入が必要となります。古代の市民国家では兵役でそれを払いました。金持ちは兵役の代わりに王様に税金を払いました。聖書によれば、キリストは税金の問題にも触れ、取り立て人を信者に転換してしまったそうです。貿易が盛んになると、国を横切る商人に税金を課しました。その他に、眼に見える土地や屋敷や船や、家の窓や暖炉の数にも税金を課すようになりました。収入税が課されるようになったのは一八世紀の末からに過ぎません。

一般に国家（ステート）と言うと、民族国家（ネーション・ステート）を短くした呼称であり、過去には、原則として、民族と国家の間には高い一致性がありました。ところが今では、国家（ステート）と民族（ネイション）が一致しなくなり、一つの国家に二つの民族が共存（イスラエルのユダヤ民族とパレスチナ民族）するし、または、一つの民族が二つの国家に分割（フランスとスペインでのバスク民族）されるようになり、話は厄介になります。十九世紀までは国とは、生誕地とか出身地、それ以上のことは意味しなかったそうです。

一方、ヴェニスやリューベックなどは、市の単位として栄え、〝市民〟（シティズンシップ）という言葉も生まれ、その言葉は現状にピッタリ合いました。その後、ある地方の住民の集団が、単一の政府の統治の下に入った形態、それが〝国〟と呼ばれるようになりました。

日本やフランスやイギリスは歴史の事故で生じた、自然な民族国家と言えるでしょう。それに対し、アメリカやドイツやイタリアは逆の方法ででき上がりました。まず個人の意思によって国を作り、それから国民ができたので、国民という言葉がピッタリと当て嵌まります。ドイツはビスマルクが、ドイツ語を話す地方の豪族達を一つの国の中に纏めてドイツという国にしたので、ドイツ建国の父と呼ばれます。でもドイツ周辺のオーストリアやルクセンブルク、リヒテンシュタインなどはドイツ語を話す独立国として残り、ドイツ語圏の一部はスイスとベルギーに吸収され、フランスのアルザス地方は最近まで仏独戦争ごとに国籍を変えていました。

こういう歴史のせいか、ドイツ人はいつも〝ドイツ人とは何か〟と自問自答しているのが特徴だ、と言われます。ドイツ民族なるものはもともと存在せず、十九世紀になってやっと、ドイツ語やその方言を話す人達をドイツ民族と呼び始めました。従ってドイツ人と呼ぶ前に、北のサクソン人、東のプロイセン人、南のバヴァリア人やアルマニア人、西のフランク人などが存在したのです。最後のフランク人の一部は、フランスを作りました。なので、ドイツ人はフランスのことを〝フランクライヒ〟（フランク族の国）と呼びます。このようにドイツは、ドイツ民族としての同一性がありません。そこでドイツは、ドイツ人とドイツ種族という定義を作り、一九一三年の法律により、何百年前にロシアや南米へ移住した者の子孫でも、ドイツ系の先祖さえおればドイツへ戻ることができ、直ぐに国籍が得られるようになりました。その代わり、ドイツに住むトルコ人などの外国人は、いつまで経っても、トルコ人という外国人でしかありませんでした。つまりはドイツ人には祖国はある地域にあるのではなく、ドイツ民族がいる場所が祖国になるのです。そのような血統主義がヒットラーを生んだと言えるでしょう。フランスは逆で、フランスで生まれれば原則として国籍を得るのは簡単でした。しかし欧州連合になってからは、両国とも少し考えが変わり、今では両者の違いは狭まりました。

日本は昔のドイツに近いですね。日本人として生まれた人は、例え永年アメリカに住んでいてもノーベル賞を得ればすぐに日本人として取り扱われるし、ペルーに住んでいても有名人になれば日本人へ戻れますし。

アメリカはイギリスから独立してアメリカ合衆国という国になり、それから始めて、アメリカ人が生まれました。なので、〝アメリカ国民〟は存在しても、〝アメリカ民族〟と呼ぶにはまだ歴史が浅すぎるようです。

ヨーロッパは植民地主義を標榜したせいで、今では移民現象で苦しんでいます。日本がそれに失敗したせいで、移民の波を受けないでいるのと良い対象ですね。

フランス詩人のポール・ヴァレリーは

「フランスは、地上に存在し得る最も不均質な民族国家である」

と誇らし気に宣言しました。

アメリカは人種が多種多様な点ではフランスに劣りませんが、各人種が違いを主張して人種ごとに人種地域社会を作り、ただ、対外的には星条旗の下で統一する、という感じで、同じ民族から成る民族国家とは言えないようです。

そのような多民族国家の例としては、大英帝国や昔のロシア帝国が入るでしょう。そのような国は、同じ国の中で幾つもの異なる言葉を話しますが、しばしば支配的な民族があり、王制により支配されています。国民を統一するために必要なのです。

フランスは人権宣言を発明した国として誇りを持ち、人種による分類を認めず、白人でも黒人でもアラブ系でもユダヤ系でもアジア系でも、人種に分けて統計を取ることを禁じるほどです。あらゆる皮膚の色をした人種を一絡げにして、我々は同じ〝共和国民〟だ、と叫びます。我々は〝フランス人〟だ、とも言えるのですが、〝フランス民族〟という言葉はなく、あるとすれば〝フランス多民族〟なのでしょう。同じ民族国家である日本の日本人が一つの民族とみなされるのに比べると、大きな違いです。

その替わり、フランスはあらゆる統計をフランス人か、そうでないか、で区別します。つまり、フランス国内では原則として人種差はなく、フランス共和国民かそうでないかで差別するのです。その原因か結果かフランスは、アラブ系、ユダヤ系、中国系、いずれの場合もヨーロッパでは一番多い人口を誇っています。そして、アメリカ人が星条旗の下に集まるように、フランス人は床屋の回転柱の色と同じ三色旗の下に集まらねばなりません。ただ、フランス人は権威に対する反抗心が強く、なかなか思うようには集まってくれません。

二〇一一年の東日本大震災で原子力発電所が破壊された時には、フランス大使館は誰よりも早く、日本在住のフランス国民に対して避難勧告を出し、日本脱出の無料のチャーター便を準備し、多くのフランス人は東京を逃げ出し、その身勝手さが日本人の顰蹙を買いましたが、フランス共和国にとっては、それは当然の行為でした。フランス共和国はフランス国民を守るために存在し、フランス国民はそのために税金を払っていて、それは外国人を助けるためではないからです。しかし、このような上からの指示に反抗し、日本に残ったフランス人は沢山いたようです。

フランス共和国は十八世紀の末に、意志と行動で作られました。あまりに意志が強すぎて、

「ヨーロッパの不幸は、フランスの地理的な位置がヨーロッパ人の交流を妨げたことだ」

と真面目に言う学者がいるほどです。

それに対して日本は、本当に、地理上の事故で、国民の意志とは関係なく、自然にできた国なのでしょう。しかも、広い太平洋の端にあり、誰の交流の邪魔にもなりませんでした。

どこの国にも国旗があり、国歌があります。これは特に、スポーツ祭典で勝った時に必要になりますね。その他にも、国家意識を高める必要のある多民族国家には、国の象徴遺産や国の標語があります。国の文化的な象徴としては、エッフェル塔、ロンドン塔、自由の女神……。しかし日本には、そういう圧倒的な文化的象徴がありません。強いて挙げれば厳島神社でしょうが、国の象徴としては〝圧倒的〟ではないような気がします。

国の標語としてはフランスの〝自由、平等、友愛〟や〝マリアンヌ〟、イギリスの〝神と予の権利〟や〝それを邪に思う者は恥を知れ〟、アメリカの〝人民の、人民による、人民のための政治〟や〝アメリカン・ドリーム〟。日本にはそのような、国民が愛着心を持って唱えるような標

語はなさそうですね。恐らく日本人が他の大国に比べればダントツに均一なので、国民を統一する努力は必要でないのかもしれません。ドイツにも圧倒的な象徴や標語はないようですが、これはドイツが地方分権の国なので、そのような象徴は各地方単位にあるのでしょう。例えばラインラント-プファルツ州のローレライ、ベルリンのブランデンブルク門、バイエルン州のチロル衣装……。

日本は民族国家の典型です。日本では、国は民族と殆ど同時にでき上った、と言えそうです。そのような情況は日本人の独自性をよく示します。

逆にフランスは、欧州でも最も混ざりあった民族です。それだけに、フランス人のアイデンテイテイはわかりにくい。同じフランス語を話す人種だ、としか言えません。フランス人達の間で占める、フランス語の重要さがわかってもらえるか、と思います。

〝国粋主義〟は英語では、Chauvinism（ショーヴィニズム）と言います。これはフランス人のMr. Chauvin の名から来ており、イギリス人のフランス人感を象徴しています。

ただ、フランス人のショーヴィニズムは、フランスという〝国〟を至上化しているだけのようです。フランスでは人種が混沌と混ざっていて、フランス人という人種を誇ることは殆ど不可能なのです。

日本にも国粋主義的なところがかなりあるようですが、フランスと大きく違うのは、それが多分に日本人という〝民族〟を至上化している点でしょう。そこで問題が生じます。日本人が老齢化し、年金生活者と労働者人口の均衡をとるために最も簡単なのは、外国から移住労働者を迎えることであり、あらゆる先進国がその方式を採用しました。ただ日本人は日本民族に拘り過ぎるせいか、なかなかそのように踏み切れないようですね。

フランスの例では、単なる肉体労働者の移民の場合は、独身者であれば税金による収入の方が社会保障による出費より多くなり、国は儲かります。しかしその利益は主として企業側へ行き、低所得階級には何の利益もないでしょう。子供持ちの夫婦が移民してくる時は、社会保障の方が税金収入より大きくなって、国は赤字になってしまいます。

学歴のある移民を求めるには、日本は少し魅力に欠けるようです。その理由は、給料ばかりではなく、言葉の問題があり、祖国からは地理的に遠いし、日本人との交流は難しい、という評判のためです。

話は逸れますが、在日韓国人の一世は、あらゆるもの、歴史をも剝ぎ取られた人々と言えるでしょう。自分の子供達に自分の国の歴史は語れないし、劇も映画も本もない。日本文化の攻撃に対抗できる何も持っていませんでした。その孫達は、自分が日本に属するのか、韓国に属するのかもわからなくなったことでしょう。

それに比べると、日本人は幸せな民です、昔から日本人の定義はハッキリしており、日本民族しかおらず、いわゆる市民は不在です。余程のことがない限り、国旗を顕示したり、国歌を合唱したりする必要はなく、国のモットーさえ不要です（もちろん、戦時中を除いて、ですが）。盗人はいないのが原則なので、荷物をほっといて切符を買いに行っても良いし……。そんな状態はいつまで続くでしょうか。

信頼の社会

先述（十七ページ）のフクヤマ教授は別の著作で、経済上での成功は伝統的な技術力や市場性ばかりではなく、〝信頼性〟を重んずる文化の社会であるかどうかにもよる、と述べています。そして信頼性が高い社会と低い社会に分けられ、わがフランスはイタリアや中国と共にそれが低い社会であり、反対に、日本はドイツや米国と共に、高い社会として挙げられています。

私は大学で、イギリス女性の研修の面倒をみたことがあります。その女性から毎年手紙を受け取りますが、いつも〝トラスト・ミー……〟で終わります。何でそんなに信頼してくれ、と繰り返さねばならないのか。お互いにあまり信頼できない社会に住んでいるからなのでしょうか。しかし、なぜ毎年手紙をくれるのか、やっと理由がわかりました。イギリスでは仕事を探すときに、それまでに働いた企業の責任者の推薦状が必要なのです。それでその女性に仕事が見つかるや否や、手紙は来なくなりました。これが日本でなら、〝私を信頼してください〟なんて言葉を繰り返す人は、もともと下心がある人だ、と、疑われるのが落ちでしょうね。

ヨーロッパでは、店での客による万引きは、フランス、イギリス、ドイツ、ほとんど同じで、売上の〇・五%だそうです。ところが従業員による盗みになると、仏と英ではほぼ同率なのに、ドイツでは半分に減り、東洋人の水準になります。企業では信頼関係が重要ですが、その点では、ドイツ人はアジア人と同じくらい信用できるわけです。

フランスは世界でも有数の、でなければ一番の、労働者あたりの生産性が高い国です。ただ、ある個人が生産性を上げるために急いでいい加減な仕事をすると、返って後の操作で時間を食うことになります。結果として、個人の処理能力は増しても、国全体の国民生産は大いに減る。これが信頼性の小さい、信用できない社会の特徴のように思えます。

例えばこんな経験があります。私は年末に、郵便局から、貴殿宛ての小包が届いたから、〝どこそこ〟に取りに来いという印刷された通知を受け取りました。その〝どこそこ〟だけが肉筆で流れ書きで記入されています。私の知らない名なので、正しい綴りがわからず、しかも住所さえも書いてありません。それが行きつけの支局ではないことは明らかなので、家に近い別の支局へ行ってみました。係員はその通知を見て少し考え、そうだ、と呟いて、未知の支局の名前をきちんと書いてくれましたが、住所を書いてくれません。

「一体、どの辺にあるのですか」

「ペレール広場の近くだ」

と、係員は腕で方向を指し、その間にも忙しそうに、支局の奥に消えてしまいました。仕方なく、私は行きつけの支局に足を運び、列を作り、自分の順になったので、文句を言いながら係員の女性に通知を突き出しました。

「これは貴女の責任ではないけど、私は怒っているのです！　名前が読めず、行くべき宛先が書いてない通知を受け取り、隣の支局に行っても宛先を調べてもらえず、こんないい加減な仕事をされては、私は黙っておれません！」

　係員の女性は理由がわからないまま、私から通知を取り上げ、私を宥めるように言いました。

「今は年末で忙しいから、貴女への小包は他の郵便局へ回されたのです」

「そんなことはちっともかまいません。私が怒っているのは、忙しいからと言って、皆がいい加減な仕事をしてくれたら、郵便局では客が捌けても、その分だけ私みたいな利用者に仕事が転嫁されるだけなのです！　私はこの通知のお陰で、三十分前からこの辺をウロウロさせられているのですよ！」

係員の女性は私を出口の方へ導きながら、腕で方向を示しながら、右に曲がって左に曲がって……と教えてくれますが、土地柄がわからないので、ちっとも頭に入りません。私は彼女を遮り、支局の宛先をちゃんと書いてもらい、家に戻ってインターネットでその支局の宛先への道順を調べ、地図を持って再び外に出ました。

三人の係員の仕事は、処理率は非常に良かったのでしょうが、完全に無駄になり、客である私は、随分と時間を失いました。これでは、労働者当たりの生産性は上がるけど、国家全体当たりの生産性はガタ落ちになります。これは信頼性の低い国に起こる現象であり、逆に日本のような信頼性の高い社会では、個人当たりの生産性は低くても、国家単位の生産性は良くなるに違いありません。

後藤君は後藤君で、えらく怒っています。しかも日仏の文化の違いの問題もあり、彼の怒りはどこに持って行きようもないようです。

彼はパリに住む友人ですが、滞在許可証の更新で、期限切れの三カ月前からインターネットで更改のための予約を取らねばなりません。後藤君は家にインターネットを引いたばかりで、幸運でした。インターネットを持っていない、または使ったことのない貧しい外国人労働者はどうするのか、そんなことはあまり考えませんでした。費用は二百ユーロとチョット（約二万五千円）だから、まあお金のない人でも努力すれば払える額です。

「滞在許可証の番号を入力すると、三つの候補日が出て来た。最初の予約の日がすでに期限切れの一週間後だ。仕方がないから、最初の日にクリックした」

そして、その画面を印刷しました。しかし、善良市民の日本人なら、誰でもはたと考えてしまいます。

「どうもおかしい。これでは自分は一週間の不法滞在を侵すことになる。見にくい画面だったから、もっと早い予約日を見損なったのかも知れない」

そこで、もう一度サイトを開いてみました。すると今度は、最初の候補日が期限切れの二週間後でした。仕方なく、後藤君はインターネットを切りました。

予約の当日、後藤君は役所に出頭して列を作り、自分の番になって予約した日付けの写しを渡すと、係の女性は変な顔をし、後ろにいた男と責任者らしい若い女を呼び、電算機の画面の前で小声で討論を始めました。そして責任者らしい若い女性が後藤君の前に来て言いました。

「貴方は今日の予約を解約しています」

「そんなことはありません！　馬鹿な！　それじゃ、私が解約したという証拠を見せてください」

相手は答えません。

「私が同じサイトを二回開いたのは確かです。でも二回目にはクリックしないように注意しました。あなた方が二度目にサイトを開いたのを解約と間違ったのでしょう？」

女性はそれに答えずに言います。

「新しい予約日を差し上げますから、前の座席で待っていてください」

十五分も待たされたか、後藤君は若い女性に呼び出されました。

「二カ月後の、別の召喚日を上げますので、その日に来てください」

後藤君は失った時間を考えながら文句を言いました。

「酷い役所と係員ですね！　これは貴女を非難しているわけではなく、役所の皆と政府を非難しているのです。私は一日を失ってしまいました」

女性は一言も答えません。後藤君は仕方がなく、役所を引き上げました。もう午後の陽が陰っていたそうです。二カ月後、係員は全く別の人間でしたが、ことはすんなりと運び、最後には別の窓口に呼び出され、後藤君に署名すべき紙を差し出してきます。その際に、係員の女性は何気なく言いました。

「貴方は予約を解約したので、費用は二倍になります」

後藤君は呆気に取られ、叫びました。

「私は解約なんてしていません！　担当者が間違ったのです！　ちょっと待ってください。担当者の所に行って、訂正させて戻ってきますから」

しかし今日の担当者は、先だってのヘマをやった担当者とは違うことに気が付きました。気を落ち着け、係員の女性に尋ねました。

「倍になるとは、一挙に四百ユーロ以上になる？」

「そう言うことです」

相手の不手際で、一挙に五万円以上に上がる？　後藤君は食い下がりました。

「解約した時の罰則のことなんか、読んだこともありません！　どこかに書いてありましたか？」

女性は薄ら笑いを浮かべたまま答えず、署名すべき書類を差し出してきます。

「貴方の携帯に、通知が行きますから、そうしたら本部に約束の日を決めて引き取りに行ってください」

「よし、それなら私は本部で責任者に会って談判する。こんな国にいるのが嫌になってきた」

メールの通知がを来たので開いてみたら、正式許可証が準備できたから、サイトで予約を取り、期限切れの滞在許可証と、四百二十ユーロの収入印紙を持って参上することと書いてありました。当日、後藤君は最初の予約日の写しと、ちゃんと役所に行ったのに、無理に別の出頭日を決められただけで、自分は解約なんかしていない、と主張しました。でも係員の男は冷たく言いました。

「でも貴方は、約束日が延期された旨の紙に、ちゃんと署名している」

「ジュヌヴィエーヴ、酷いだろう？　収入印紙はどこで手に入れるのかの説明もない。他の日本人に聞いて回ったら、それはどこでも良い、煙草屋で買うのだ、と教えてくれた。もっと酷いのは、解約のせいで費用が倍化されたなんて、どこにも書いてないのだ。抗議もできない」

「フランスには、日本人が考えるような善良市民は必要ではないのよ」

私は後藤君にハッパを掛けるつもりで言いました。

「フランス政府は〝文句があるなら自分の国に帰ればよい〟と言っているのよ」

フランス人の夫婦は、離れていると、手紙で〝君（あなた）を愛している（わ）よ〟という言葉を繰り返します。これは、お互いに信頼し過ぎるのは禁物と考え、猜疑心も強いので、どちらかが浮気をしないように常に努力・確認する必要があるからです。

そこで気が付いたのは、フランスでの規則や社会は不誠実な人々を対象に作られていることです。上記の郵便局の例では、法律によれば、私に宛てられた包は郵便局がまず私の家に届ける義務があります。ただ、私が不在で渡すことができない際には、郵便局がやったように、私書箱に通知を入れて、いつまでにどこそこの郵便局に引き取りに来い、と通知するのも合法でしょう。ところがこの郵便局は、忙しいのを口実に、包を私の家に届けもしないで、ただ〝引き取りに来い〟という紙片だけを私の私書箱に入れていったのです。これは明らかに違法で、国の息のかかった郵便局の従業員は法律を破って、平気でいるのです。裁判所に訴えるにしてもお金と時間がかかり、バカバカしくて、泣き寝入りするか、新聞の読者欄に不平を投稿して自己満足を得るしかありません。社会の不誠実さは何事もなかったように、同じ輪廻を繰り返します。

フランスでは、こういう人達がちゃんと道に従うように法律があるのですが、それでも彼らは、自分に都合が悪ければ、平気でそれを破るのです。これは信頼性の低い社会の特徴でしょうか。

不誠実な、または不信の社会は、その副作用として、何かが起こるとまず、

「それは相手のせいだ、相手が悪い」

と考えます。相手は衝突した車の運転手であったり、国であったり、または政治家でも、お客

でもあります。それが日常生活の些細な喧嘩で終わればよいのですが、その精神状態は、大きな国家計画にまで広がります。

例えば夜行列車が赤字になると、それは汽車を利用しないで、車で移動したがる客のせいだ、客が悪いと考え、すぐに廃線にしてしまいます。旅行者のためにもっと使い易くして上げよう、なんてことは考えない。つまり、相手の立場に立って考えることはしないのです。相手も自分の都合しか考えない、と知っているからです。

フランスに比べて、日本は先進国では有数の、労働者当たりの生産性の低い国です。しかし国としての効率の良さは、万国が認めるところでしょう。私の印象では、日本の法律は誠実な人々を基準にして作られているようです。法律は民衆の慣習を法文化したもので、それは民衆の生活の指針となり、例え効率が悪くなる場合でも法律は守られるのです。

そして、日本人の特徴は、相手の立場になって考えることができる点でしょう。そこで改善の心が働きます。なので、サービスも良くなります。

信頼性の低い社会は、狭い社会にも通じます。人が狭いと他人を信用できません。パリジャン達は数人でレストランに行くときは必ず予約しますが、一人だけ先に送って場所を確保し、他の者たちはなかなか時間通りに集まらず、レストランの効率を悪くします。

それを避けるため、客の回転が重要な日本式ストリート・フード、つまりラーメン・餃子屋は、予約を取らなくなり、店の前に列を作らせ、店に入る時に店員が、

「お客様はお一人ですか」

「いや、五人です」

「皆さま、集まっていらっしゃいますか」

「後から来ます」

「それでは、皆さまがお集まりになるまで、列の中でお待ちになってください」

店員はそう言って、後列の人を店に入れます。

この日本式の行列管理は、パリジャンの生活態様を変えてしまいました。今では列はフランス人や観光客がいっぱいで、団体客は皆が揃うまで楽しくしゃべりながら順番を待っています。

日本人の個人主義

パリに住む色んな民族、例えばユダヤ人は中央部の庶民的なマレー地区または東部の貧しいベルヴィル区域に集まってユダヤ区域を作り、アラブ人は東部のベルヴィル区域にアラブ人区域を作り、アフリカ人は北部のサン・ドニ地区に塊り、後から来たベトナム、カンボジア、中国人は、

南部の地価の安いショワジー地区にアジア人街を作ったものです。

なかでも、中国系を主体とするアジア人街は大きく発展し、殆ど中華街となり、レストランや食品店から床屋や銀行まで中国語で書かれ、ほぼ自給自足の、準治外法権区域となってしまいました。フランス人はそんな状況を〝あそこでは、子供は生まれるが、誰も死なない〟と皮肉ったものです。地区の新聞には、生誕祝いの記事はあっても、弔いの記事はない、という噂が立ったからです。

日本に関しては、日本関連の料理屋や商店は、地代の高いオペラ座とセーヌ河の間に集まっています。主な理由は、日本の銀行や大企業が、そのハイカラな商業街に開業したからでしょう。そして、その辺を徘徊していた高級娼婦やホモたちを追い払ってしまいました。

しかし日本人一般は、どこかに地域社会を作って住むようなことはせず、あの信頼できないパリジャン達に混ざって、テンデバラバラな区域に住んでいるようです。企業派遣で金回りの良い日本人は、パリの高級住宅街に住めるせいもあるでしょうが、お金のない絵描きや半ば放浪の日本人でさえも、大概はパリ内外に散らばって住んでいます。

韓国人は飲食業との関係が日本人より強く、また客に日本人が多いので、自然と日本人商店区域に、日韓兼用の食品スーパーやキムチ、ビビンパ料理店を開きますが、日本人より商売がうまく、日本のものでも日本人の商店より安く買えるのが特徴です。彼らはパリ南西部に散らばって住んでいるようですが、何れにしろ、日本人の近くには住みたくないようです。もっともな話で、日本人でさえも他の日本人の近くには住みたくないようなのです。理由は幾つかあるのでしょうが、一般に日本人は、その内に日本に帰るという気持ちが強く、せめてフランスにいる間は、と、社会的に安全なパリ高級住宅地にフランス人に混ざって住む、これは慎重型の個人主義者でしょうか。あるいは、この地に来てまで他の日本人に関わりたくないし関わられたくもないという、後退り型の個人主義者も多いのでしょう。

後藤君は私に、こう教えてくれました。

「ジュヌヴィエーヴ、君はフランス人だからわかるまいが、僕は路上で知らない日本人とすれ違うと、すぐにそれとわかるんだ。日本人は必ず顔を背けるか、または目を伏せるからだ」

我が祖国のフランスは、個人主義の国として知られ、何よりも個人の自由が尊ばれます。そして、日本はその反対だ、というのが一般的な認識でしょう。ですが、どんな真実にも代替事実があります。物は考えようで、個人主義と言っても、自分という個人の立場で考えるか、または、相手という個人の立場から考えるか、それで異なると思うからです。つまり自分を個人として尊重するか、相手を個人として尊重するか、前者の典型がフランスで、後者の典型が日本であるように思います。

例えば、駅の憩いの広場や公会堂を仄かに香水で包む、なんて案が出たら、必ず反対されるでしょう。なぜなら、公共の場は中性でなければならず、そこで香水を発散させることは、他人に無理に香水を嗅がせ、個人の権利を侵すことになるからです。会社や学校で、ある女性が強い香水を嗅ぐわせて職場に現れたら、恐らく物議を醸すか、顰蹙を買うことでしょう。それは香水とは関係のない職場での、何らかの理由で香水を嗅ぎたくない人の自由を侵害するからです。他の人の同意も得ないで、その人から無垢で自然の空気を呼吸する自由を剝奪することになるからです。

本人中心の個人主義でなるフランスは、それは全く香水を使いたい人の自由です。他人への迷惑はあったとしても、相手が近寄らなければよいではないか、くらいにしか思っていません。フランスの個人主義は利己主義に近く、全てが自分を主張することから始まります。

私には日本人には、他の種類の個人主義があると思われてなりません。日本人は、自分以外の人の個人の自由を、極端に尊重する民族です。相手に迷惑をかけないように気を付けること、そこから全ての対人関係が始まるからです。個人と個人の間に隔たりを置くことは、美徳の第一歩であるかのようです。それは他人の自由及び権利を尊重することであり、愛他主義に近いのかも知れません。ただ、それと違うのは、他人を愛するからばかりではなく、災いを避けるためでもあるのでしょう。日本人の個人主義は、相手の個人主義を慮るそれでしょう。科学的には、偏心的個人主義？　情緒的には、尻込み式個人主義？

　私はこんな場面に出会ったことがあります。国電のある駅で、駅員が身体障害者用の推し車を電車に乗せようとし、前輪がドアの溝に嵌ってしまいました。私はすぐに近づいて駅員を助けてあげましたが、周りの日本人は知らん顔をしているか、または困ったように私と駅員を見守っているのです。その時に私は思いました。どうも日本人は、下手に駅員を助けてあげようとして、返って邪魔になるのを恐れているのではないか、と。つまり、推し車を乗せる役は、駅員の義務ではあるけれど、権利でもあり、日本人はその権利を侵害することを恐れているのです。もし駅員の方から助けを求めたら、皆がすぐに助けてあげたに違いありません。

　日本人の個人主義を思う時、すぐに、日本で生まれたスポーツを思い浮かべます。ヨーロッパではスポーツは、一種の遊戯を競技にまで昇華したもの、それは人間の能力に障壁を課し、いわゆるハンデイを作って楽しむ競技であり、したがって種々の複雑な規則が課されます。人気競技のフットボールとラグビーを例にとりましょう。これらはオリンピックに倣い、四年に一度の世界選手権が行われます。フットボールは最も便利な手を使わず、不便な足と頭と胴を使い、球をトスしながら前進するのに、前進し過ぎた仲間にはトスできないという、矛盾だらけの勝負です。ラグビーだって似たり寄ったり、今度は手を使うことはできるけど、球は楕円で摑み難く、敵陣へ進むのが目的なのに球を前へ投げてはいけない。それほどには障壁が課されない野球やテニスやバスケットにしても、種々の規則で縛られます。

それに対し日本で生まれた柔道や空手や相撲は個人競技であり、球もバットも使わず、素朴な衣装を着け、素手で立ち向かいます。それらは個人技で、規則は驚くほど簡単で、人間の最も得意な肢体を思うように利用し、しかも相手の力を逆用するのがコツ。防御は攻撃より重要だそうです。こんなに簡単な競技がヨーロッパで人気を得るとは、恐らく誰も考えていなかったでしょう。今では柔道は、フランスの小中高の学校で最も実践者の多いスポーツの一つになりました。

日本のスポーツは全て、相手のエネルギー力を自分に益するように利用する武道ですね。合気道の〝入身〟みたいに。これらの武道は、遊戯というより、自己研磨を体現する武士の道ですよね。

この前、ノルウエーの若者が、この国では稀有の大量殺害事件を起こしました。外国人、特に首都オスロでは住民の三十％が外国人、という現状に祖国の将来を憂えた結果だそうです。そして犯人は、精神鑑定は日本の精神分析医によりなされることを要求しました。理由の一つは、日本がイスラムの侵入を防いでいる稀な国であること、二つは、国を救うような犠牲精神を理解してくれるのは日本の武士精神しかない、と考えたせいでした。日本には迷惑な話でしょうが、これなどは日本が北欧の果ての小国にまで与え得る実像、もしくは虚像を象徴しています。

最も均質な国？

日本人は大国の民族としては混血が少なく、世界地図の上では〝比較的〟に純粋培養に近い、特殊な人種だとみなされても仕方がないことはおわかりいただけたかと思います。

最近こんなことがありました。私の知っている日本人が不幸にして病気になり、骨髄移植をすることになりました。そのためには、ご存知のように、生理的に適合性のある人を見つけなければなりません。結局そのような人は日本に住む兄弟と、アメリカに住む日本人三世しか見つからず、その内に、可哀そうに、その人は亡くなってしまいました。

一九八八年九月、ル・モンド紙の編集主幹アンドレ・フォンテンヌ氏は十日間日本に滞在した後、こんな記事を書きました。

「日本は間違いなく、存在し得る最も均質な国である」

フォンテンヌ氏は、世界で考えられる最も不均質な異民族国家のフランスに住んでいるから、そう思えるのは当然でしょう。私は心の中で尋ねました。〃でも日本人より、アイスランド人の方が均質ではないかしら?〃実際、遺伝学で均質な家族を調べたりする時は、よくこの二カ国が選ばれるからです。でももちろん、フォンテンヌ氏の記事は私に答えてくれません。

「神社では人々は一緒に集まっているのが喜びで、ヨーロッパと違い、鞄や財布を盗まれる恐れはない」

私は心の中で自問自答しました。〃でも、神社に行くより、行かない日本人の方が多いはずですよ〃

「その上、日本に足を置くとすぐに、持って生まれた気質がフランスと反対なのがわかる。フランスは、ポール・ヴァレリが言ったように、最も不均質な異民族国家である。ところが日本では、服装でも各人が、できるだけ他人と違わないようにする」

私は口に出ない言葉で反論します。〃それは戦中や、戦後まもない時期の話ですよ〃

「実際、日本よりもっと非個人主義な国は想像しにくい。例えば指導者はカリスマ的であってはならない。中曽根元首相は、そのような像のせいで、首相になるのにとても苦労した」

私は呟きます〃確かに、中曽根首相の後は、竹下首相をはじめ、誰が首相かわからないような昔の状態に戻りましたわね〃。しかし個人主義かどうかは、視点を自分に置くか、第三者に置くかによって変わるとは思いませんか？

「ナポレオンが言ったように、各国の政策はその地理の中に書かれている。フランスは二千年来、その侵略者達と混血を続けてきた。しかし、その一体性認識（アイデンティティ）は強く、フランス人はその、個人主義に対抗する普遍主義と、その多様性で刻まれている」

私はこう思います、〝確かに。日本は外国から侵略されてしまったことはなく、西暦前に日本にやって来た朝鮮人も、侵略ではなく、米作の技術を持ってきた移民でしたから、それまでの日本の習慣や文化にうまく順応したのでしょうか〟

「日本は一九四五年に初めて侵略されただけで、現在の世界では、日本人は人種的、文化的な単一性の実例を提供する」

私は思います、〝あれは侵略ではなく、占領であり、仕事が終わると、ちゃんと米国に引き上げてくれました〟

「確かに漢字を輸入したが、平仮名やカタカナの間でしか用いず、仏教も輸入したが、神道に代わることはなく、国の統一性にはほとんど影響しなかった。一九四五年からは米国から大きな影響を受けたような印象を与えるが、よく眼を開いて見ると、それはメッキみたいなものだ。野蛮な資本主義が、醜い広告や無頓着な都市計画で、街の風景を破壊してしまったが、日本の本物はアメリカというメッキの下で栄えている」

〝そう、私がすでに述べたように、日本人はアメリカからの差し入れを、お椀に漆を上塗りするように塗っているだけで、芯となる日本はほとんど変わっていません〟

「一九八八年当時で、日本への観光客は年間二百万、日本から外への観光客は六百万で、その中でも、日本語または外国語が話せる者はさらに限られ、いかに日本人と外国人の間での人的な交流が限られていたかは、楽に想像できる」

　私は陰で答えます〝でも二十一世紀になった今は、少しは変わりましたよ。今では日本への観光客は二十倍ぐらいに多くなりました。日本人の英会話能力は今でも世界標準の下の方を徘徊しているらしいけど。でも日本人はもともと無口だし、話さない人の特徴で、方向感覚は凄い！〟

「日本は敗戦後も、トルコやベトナムみたいに母国語をアルファベットにしなかったので、アメリカ人やヨーロッパ人は当時は、日本の道路標識さえ読めなかった。代わりに、この東京で、自然と畳を愛する永久の日本が湧き出ている。この石、コンクリート、木、ガラス、毒々しいネオン等の間に高速道路が交差する、怪獣みたいな無政府状態の中に、あちこちで、木々の根元に草木が育って、人情味のある片隅の群れを作り上げているが、それらはしばしば極端に小さく、奇跡的に保護されている。誰も買えない東京の土地の値段を考えると、これら片隅のために、どれほどの犠牲を払っていることだろうか。人によると、この問題は次の地震が来るまでは解決できないと言う」

私は心で呟きます。〝この土地代の高い東京で、木々の根元に草木が育っているばかりか、自然が呼べば、駅ごとに必ず公衆便所があり、駅員に頼めば、切符なしでも中に入れてくれるのですよ〟

「日本を観察するよい方法は、東京から電車に乗って一時間半、過剰人口の郊外を横切り、富士山の方へ出ることだ。電車の線は高層建築や醜い安物住宅の間に挟まれてもいるが、概ね緑の間を走り、この大都会にまだ残存している無数の地上踏切の竿が、電車が通り過ぎるや否や、パッと持ち上げられる。それはパリの道路信号で赤と緑が変わるのと同じ周期で開閉している。人々は小さい子供も含めて、傘を片手に自転車を漕ぐ。反射神経は昔から会得したもののようだ」

私は付け加えます〝日本の電車はヨーロッパのそれに比べたら重量がずっと軽く、速度もゆっくり走るから、ヨーロッパの自動車に劣らず急停車できるのよ。だから地上踏切は道路の赤緑信号と同じ周期で開閉できるの〟

「実際に日本では、各人が生まれた時から、自分の場所は限られ、自分の安泰または救済は共同社会のそれに依存する、ということをよく心得ているかのようだ。そのような生き方のお陰で、日本は史上に例のなかった残虐な敗戦を乗り越えることができ、四十年後には世界で二番目の経済大国になれた」

〝別にもあります〟、私は叫びます。〝それは朝鮮戦争による需要と、日本人の物作りでの、職人芸のお陰でもあります！〟

「アメリカの歴史家ポール・ケネディ（11）はその本〝大国の興亡〟で、日本とフランスをそれぞれ強い国民性を持つ国とみなしたが、その国民性が、世界の歴史において、その領土と人口の割合を越す大きな役割を演じるのに貢献した」

VI

歴史家は、なぜ必要か

我が国フランスは昔からヨーロッパや世界を股にかけて国家間の戦争に明け暮れた国、それを繰り返さないためには歴史を学び、過去を知って、戦争を繰り返さないように努力しなければなりません。

でもフランスの教科書では、第二次世界大戦の歴史が大きく取り上げられ、その中でもほとんどがユダヤ系の絶滅の残酷さ、ユダヤ系の説明が主題であり、世界の動きは少ししか教えられない、と批判されています。つまり、過去は至る所にあるが、歴史はどこにもない。

日本はその反対で、教科書には歴史は至る所にあるけど、過去はほとんどない、と批判されるべきかもしれません。もともと歴史とは、時の流れと過去の経験を学び、将来の道を探る哲学みたいなものであるべきなのでしょう。

フランスではテレビで、歴史の分析や解説を行う番組が始終あり、歴史家にも充分な仕事があり、スターにさえなれます。それに比べると日本では、歴史家がテレビ番組を持ち、歴史を語ったりするのはむしろ稀ですね。太平洋戦争に関しても、カミカゼ特攻隊と真珠湾攻撃と沖縄戦線の映像は時に見ますが、あまりに後悔が深過ぎるのでしょうか、歴史家による真剣な解説にはなかなか出くわしません。

そこで私は、日本人の性格をより良く理解するために、少しばかり日本の神話の時代にまで旅してみました。これは私が外国人だから良いのですが、日本人が日本の過去を訪ね、神話にまで至るには、かなりの注意が必要なようですね。それは年令により、戦前の軍国主義者、または国粋主義者を思い起こし、苦い思い出に至るからでしょう。そのせいで、日本人は自分の国の独自性を主張することに、微妙な抵抗があるらしい。しかし本当は、神話が悪いのではなく、それを批判せずに信じようとする態度がよくない。神話を前にして批判し合う態度はむしろ歓迎すべきだと思います。

アインシュタインは〝時〟と〝空間〟は同じ次元に属することを発見しました。アインシュタインは大学の成績が良くなくて、やっとスイス特許庁に仕事を見つけました。しかしその職場のお陰で、考える時間は沢山できました。ある日、チューリッヒ駅から汽車に乗りました。駅の時計台は午後の三時を示しています。汽車が駅を離れ、速度を増すに連れて、時計台の時間も経って行くのが見えました。そこでハタと気が付きました。時計台の時刻が見えるのは、それが光に乗って自分の眼に入るからに違いありません。もし汽車が光と同じ速度で駅から離れてくれたら、時計台の時刻はいつまでも三時であるに違いありません。つまり人間は、光と同じ速度で移動しておれば、いつまで経っても年を取らない訳です。もし浦島太郎の乗った亀が、光と同じ速度で竜宮城まで往復してくれていたらどうでしょう。昔の漁村に戻った時に、村人だけが年を取っていた、というのは、お伽噺ではなかったことになります。

それに対し、フランスの哲学者レジス・ドゥブレイ氏は〝時〟と〝空間〟を分離し、ヨーロッパは〝時〟であり、アメリカは〝空間〟である、と言いました。氏の言う〝時〟とは〝歴史〟を意味し、〝空間〟とは広大な土地、つまり〝地理〟を意味するのでしょう。

日本はこれらの両方を持っているようです。歴史は長いし、国の空間は、北は稚内から南は沖縄まで、東は小笠原群島から西は石垣島まで広がっています。

そもそも神道と仏教がヨーロッパ式の〝宗教〟(Religion)の分野に入れられてしまったのが間

違いでしょう。東南アジアの仏教はいざ知らず、日本の仏教は精神修養と鍛錬であり、宗教ではないと考えます。

神道はその奇想天外で風変わりな物語からして、ユダヤ教やキリスト教に匹敵し、ヨーロッパで言う宗教に当たるのかも知れません。

日本では地理と歴史が、数学と物理のように並べて教えられるようですね。問題は、地理は何十億年前から変わらない事実を教える、正確な自然科学であるのに、歴史は古くなればなるほど不正確になる科学である点でしょう。従って、日本の歴史、特に古代史を、地理と並べて教えると、夢物語をあたかも事実のように教えている、という批判が起こるでしょう。そのような批判を避けるためにも、日本の古代史は、哲学とか宗教哲学（または神学）の一環として、文学と並行して教える方が適切なように思えます。哲学や文学は必ずしも事実を教えるのではなく、過去を学んだり想像力を駆使したりして、将来の道を探るものだからです。

現代の国境のない世界では、努力なしでは自分の根源さえわからなくなるように変わってしまいました。最近の心理学の研究の結果では、自分の遺伝上の起源を辿り、先祖がどんな困難を克服して生きてきたかを考えることは、その人の自信とやる気を増し、知的能力を改善するそうです。この世界化した地球で、自分がどこに行くかを知りたいときは、まず自分がどこから来たかを知ることが大切なのです。

つまりは、今の世界では、自分の歴史を知り、自分の拠りどころをはっきりさせることが必要になったのです。自分の歴史に無言であることは、自分の根源を否定することになってしまう。日本人ばかりか、世界の皆が、自分の歴史と人となりを真剣に考えれば、今の国境が見えなくなった世界を、よりうまく乗り切れるようになるに違いありません。

日本の評判

フランス人は自分の寿命が八十歳であることを基に、人生計画を立てます。ギリシャ時代には、人間に重要なことは、戦争、愛、料理、都市国家などだったそうですが、今では、その時々を楽しみながら生き、なるべく早く仕事を引退し、残りの人生を楽しむことを考えます。よく食べ、愛に溺れ……。そのような状況から、イギリス人はフランス人を〝bon vivant（美食家）〟で、〝bon viveur（遊び人）〟だとみなし、うまい英語がないので、これらの仏語はそのまま英語になってしまいました。ドイツ人との会話では、時々〝フランスの神様みたいに生きる〟という表現が出てきます。

日本人は一般に、人生の終わりの八十歳に近づくまで、なかなか自分の人生計画を立てないようですね。往々にして一生働き続け、生死は自然に任せ、朝に生まれ夜に死んでもかまわない、と言った心境なのかもしれません。あらゆることを自然の思し召しに任せる、という自然主義？ヨーロッパ人の私は、そんな日本人観を持ち、一種の尊敬と共に、大きな違和感を持ち、理想の国からは程遠いものでした。

ところが最近の世界では、日本への考え方が変わってきました。日本の評判は、日本人が謙虚にみなしているほど悪くない。世界に声を持たない日本が、世界からは寧ろ好まれる国であることを私は発見したのです。ただし世界と言っても、日本の隣人の韓国と中国は例外です。

ここに、二十一世紀の初めに行われた、幾つかの調査があります。

二〇〇七年のＢＢＣの全世界を相手にした調査によると、世界で最も良い影響を与える国は日本とカナダが一位で、三位は欧州連合。その中ではフランスがイギリスより上、ただしドイツは統計に入っていませんでした。ちなみに最も悪い影響を与える国はイスラエル、次にイラン、三位はアメリカでした。

軍事国や信教にこだわる国の評判は一般に悪く、独特の文化を持っている国は評判が良い。日本とフランスの評判がよいのは、そのせいだと思われます。ジョゼフ・ナイ教授はそんな国の魅力を〝ソフト・パワー〟と呼びます。正確な定義は、「他人に影響を与え、威圧と金払いより、魅力と説得力により好ましい結果を得る能力」だそうです。さらに〝ハード・パワー（軍事力）〟を持ち備えた場合は〝スマート・パワー〟と呼ばれます。

ただ日本は、隣人の中国や韓国では評判が悪い。現代の孤独社会では、隣人との付き合いが重要なので、これは問題です。ちょうどイスラエルが世界一般からは一目置かれていても、隣国からは最低の評価をうけているのに似ています。日本はこれから隣国に、良き隣人になったことを証明しなければならないでしょう。

アメリカのニューズウイーク誌は、二〇一〇年、〝世界で最善の国〟という調査をしました。もし貴方が今日生まれるとしたら、健康に、安全に、裕福に、進歩的な生活を送るためには、どの国が貴方に最善の好機を与えてくれるか、というのが定義。

日本は九位に過ぎませんでしたが、一位から八位までは小さな国や人口密度が零に近い国が占めます。例えば、フィンランドやスエーデンやノルウエーは上位にいますが、誰がそんな面白くない、寒い世界に住みたいと思うでしょうか。スイスはお金持ちで平和だけど、山しかなくて肝心の海がないし、オランダには低地と冷たい海しかなくて、海水浴もできない。誰もそんな国で一生を過ごしたいとは思わないでしょう。実際にこれらの国には、海外に旅行したり、移住したりする人が多い。日本は九位に過ぎませんが、人口の多い大国の中では一位でした。

イギリス人は格付けの調査をするのが好きです。英国のジ・エコノミストが毎年行う調査で、世界で最も住み易い都市の指標の二〇二一年度版では、1．オークランド、2．大阪、3．アデレード、4．東京とウエリントン、6．パース、7．チューリッヒ、8．ジュネーヴとメルボルン、10．ブリスベンなどと続いています。東京は四位に過ぎませんが、その規模は先行する都市を全て集めたものよりもずっと大きいことを考えると、東京の魅力がわかります。

国民総生産の比較のように、世界平和指数という評価もあります。ここでは犯罪割合、牢屋人口、市民間の信用度などの他に、隣国関係、武器販売、海外軍隊派遣なども考慮される。そこでもノルウエーやニュージーランドなど小国が上位を占めますが、人口数千万以上の大国の間では、日本が最上位となります。

国民の礼儀正しさや寛容さに関し、ホテル業界が二十七カ国の観光客に対して調査した結果によれば、我がフランス人客は最悪の部類ですが、日本人客が三年連続一番で、イギリス人、カナダ人がそれに続きました。

世界化が進み、誰でも遠くへ旅行できるようになりました。イギリスのガーデイアン紙とオブザーヴァー紙が二〇一〇年に行った同紙の読者に対する調査では、最も好まれる外国の都市は東京でした。また、満足した人が最も多い旅行は〝インサイド・ジャパン・ツア〟で、実に参加者の九九・六％が満足したそうです。面白いことに、好みの観光地はイグアズーの滝、グランド・キャニオン、マチュ・ピッチュ、アンコール・ワット、カリフォルニア・デイズニーランド、などですから、東京という都市はその文化や生活態様などで観光客を惹きつけるようです。

これらを見ると、日本の信頼感を基礎とする社会生活と、相助相愛的な社会的団結、平和主義が世界に好まれることがわかります。

しかし一方では、日本人に対する変わった認識もあります。西洋の多くの国語にはギリシャ語を語源とする〝オートクトーン（原住民）〟とそれに対応する〝アロクトーン（外来民）〟という言葉がありますが、その定義は国の状況により少しずつ異なるようです。オランダ語では〝オートクトーン〟は両親共がオランダ系のオランダ住民を指し、〝アロークトーンは両親または片親が外国人として生まれたオランダ住民を指し、社会的には一般に恵まれない人達を示唆するそうです。そして〝アロークトーン〟には〝西洋系アロークトーン〟と〝非西洋系アロークトーン〟に分けられます。〝非西洋系アロークトーン〟とはトルコ系、アフリカ系、南米系、それにアジア人を意味します。ただし日本人とインドネシア人だけは例外で、夫々〝インドネシア人〟、〝日本人〟と呼ばれます。インドネシアはオランダの旧植民地だったこともあり、ある意味での親近性があり、またインドネシア系のオランダ人も多いのでしょう。日本人の場合は太平洋戦争中にオランダ人をインドネシアから追い出したせいで、過去にはかなりの反日感情があったはずですが、まだその恩恵を被っているのか、または日本の〝ソフト・パワー〟のせいでしょうか。

友人の桜井さんは、南アフリカがアパルトヘイトを実施していた頃に、天然資源の購買でそこを訪れたことがありましたが、

「自分は名誉白人として取り扱われたけど、やっぱり気持ちが悪いから、俺はトイレの入口では有色人種の方を選んだ。どう見ても、自分は白人には見えないからな」

と話してくれました。

時代は変わりました。ロシアの作家ボリス・アコウニンはロシアとフランスのブルターニュに半々に住んで働いています。報道陣に、

「どうしてフランスを選んだのですか。英国南西部コーンウォールとか、イタリアとか、ドイツとか、または貴方のよくご存じの日本でも良かったのに？」

と訊かれてこう答えました。

「私は例え半分の時間でも、そこで物を書ける国にしか住めません。私は日本が好きですが、遠すぎる。ドイツも好きですが、統制がとれ過ぎている。イタリアも好きですが、混乱し過ぎている。コーンウォールも好きですが、眠気を催させ過ぎる。フランスのブルターニュは気持よさと、

秩序と、混乱と眠気と活気がちょうどよい具合にブレンドされている」

そう、日本の長所も短所も、世界から遠いことから成っているようです。

ただ、以上の評価は、欧米人が日本や日本人について持つ印象です。日本人は日本人同胞に対するより、欧米人に対する方がずっと寛容です。日本に生まれ住む日本人同士の間では、私の想像できないようなイガミアイがあるのか、とも思います。しかし、それはそれでよい、と私は思います。昔から、同胞間での容赦ない小突き合いがあったとすれば、恐らくそのお陰で日本の社会秩序や日本人の自律精神がさらに改善され、それが今の日本人を作ったのですから。日本に来る外国人はその恩恵を蒙り、日本への感嘆の念をさらに深くするに違いありません。

世界化への日本の答

日本人とフランス人は、同じ状況を前にして、驚くほど反対の態度を取ります。例えば交通信号では、フランス人の歩行者は、赤信号でも渡る人は六十七％なのに、日本では七％に過ぎません（ストラスブール大学と京都大学の調査）。ただ、ストラスブール大学はフランスで最も規律のとれたアルザス地方にあり、京都大学は日本で最も自由を好む関西地方にあります。もし調査がパリと東京でなされたら、その違いは百％と〇％になったかもしれません。これは、法は他人の権利を尊重することとみなす国民と、法は自分の権利を制限するとみなす国民との違いでしょう。

覚えていらっしゃいますか？　フットボールの世界選手権が南アフリカで開催された時、フランスの国家チームは、上層部の決定に反対してストを起こしました。国で選抜され、お金ももらって、南アフリカにまで派遣されてきた国家チームが、ですよ？　これもフランス人ならではの出来事でしょう。

パリの人間は粗野だ、というのは世界的な評判です。パリのテルヌ広場の近くに〝テルヌのグルメ〟という、通の外国人には知られる、フランスの家庭料理のレストランがあります。ここはわざとかどうか、客をとても無愛想に取り扱います。給仕はまず笑顔はみせず、客の注文にもろくに答えず、口を開けば不愉快で乱暴な言葉を使います。ですが、とても美味しいのです。悪口によれば、外国人のファン客は、そんな粗野で尊大なフランス人とそのサービス精神のなさに接して、初めてフランスに来たという異国情緒を感じるそうです。英語で注文したら、返事もしてくれないけど、ちゃんと理解しているようです。私が横を通りかかった給仕に勘定をお願いしたら、

「自分の順番を待てよ、いま俺が別の件で働いているのが見えるだろ？」

という声が返ってきました。

ある年、レーガン大統領が世界首脳会議を組織し、世界の指導者達をアメリカに招集しましたが、出席を拒否したのはフランスのミッテラン大統領だけでした。理由は、レーガン大統領が予め彼に相談しなかったからでした。その会議の後に、中曽根首相、コール宰相、サッチャー首相など数十人の世界首脳が、ハンケチ大の自国国旗を腕にかざして撮られた写真を見ると、その幼稚さに、私はフランスの態度は正しかった、という誇らしささえ感じました。

ある歴史家によると、フランスは、時代に先んじているか、または遅れているかのどちらかであり、時代に合った歩調は絶対に取りません。ただ、恐らく誰も、フランスの行動に無関心ではおれません。

日本とフランスが類似する点があるとすれば、それは、世界化の波の中で、お互いに世界の主流から離れ、特異視されている点でしょう。しかしそれに反抗する態度に大きな違いがあります。フランスは世界に向けて大声で、〝フランスなる例外〟(Exception Francaise)を認めろ、と叫んで反抗します。

それに対して日本は適応した振りをして抗議もしませんが、世界が自然に〝日本は例外だ〟と思ってくれているようです。日本は一般に、漸次に進むやり方を採るので、その動きは世界から無視されるか、たとえ良くても、気づかれないことが多いのも事実でしょう。

国とそれを構成する民族は、区別して考えなければなりません。外国人は一般に、フランス人の高慢ちきさと無愛想さには参るようですが、彼らが作り上げた文化や風景には羨望を感じているようですね。

日本人にとってフランスは、想像していた姿と現実に見る姿との格差が最も大きな国、つまり失望度が最も大きい国だそうです。外から見たら綺麗なパリ、映画や歌から想像していたロマンチックなパリと、街中に入って見る現実のパリの道路の汚さや不愛想なパリジャン。一言で言えば、浪漫性のなさへの幻滅の結果のようです。遂にはパリで〝日本人観光客症候群〟という名の新しい病気が発生し、その精神病は今ではパリの特定の病院の特定の局で治療されています。

そう言えば日本人は、病気したときに切開手術を嫌がり、我慢するか、または薬で何とか凌ごうとする、そんな傾向が強いようですね。経済界にもそんな感じがあります。

資本主義ではむしろ弱い企業は放棄し、新しい企業が生まれるのを助けます。フランスでは会社の成績が悪いと、アメリカ式に、指導者の頭を簡単にすげ替え、しかも内部昇進は稀で、社長を外部、時には外国から探してきて、上から据え替えます。有能な人物を得るためには高額な給料を与え、企業の利益を上げることに努めさせます。フランスの自動車会社〝ルノー－日産〟の社長が、ずっと大きな自動車会社〝トヨタ〟の社長の数倍もの給与を得ていたのも思い出します。その代わり、フランスの下の方の労働者の給与は低く、労働意欲も湧かず、サボリも多くなります。

世界の傾向に倣って、アジアの企業でも社長の頭をしばしば変えるようになってきました。ただし、統計によると、日本だけはまだ例外のようで、企業の頭はそう簡単にはすげ替えられません。

日本では逆に、弱い企業を助けますね。西洋では例外的なのに、日本ではそれが経済体制の本流であり、お陰様で落伍者でも日本内で小さな市場を維持でき、対して、大きな企業は外国を相手に競争します。そのせいで国内での厳しい競争は避けられ、各人が少なくとも幾分かは栄えることができる、と言えるでしょう。

日本では、一歩ずつ企業の梯子を昇っていって指導者になる制度や、決定を総意で行う制度は今でも健在で、それらは徐々に、危険を嫌う管理者を作り上げてきた、とも言えるでしょう。しかしそのような管理者は、大きな工場を、小さくて兄弟的な利益生産単位に転換することに成功しました。指導者は給与も内部昇給なので、突飛な給与はもらえないようですね。しかし労働者もそれなりの給与を得るので、労働意欲はフランスに比べれば、かなり高いように理解しました。

しかしフランスは高額所得者への税金が高く、国は税金からの収入を低額所得者へ再配分するので、国民の貧富の差は日本とフランスであまり違わないようです。しかしどちらが効率がよいかと考えると、結果（大きな給与差）を再分配によって社会正義を達成しようとするより、元（給与体系）を適切にして社会正義を達成する日本式の方が、社会倫理に合い、手続きも簡素化できるように思います。

明治維新のとき以来、日本は欧米の幾つもの文化を、釣り合いを取りながら消化し、日本の伝統文化で調整してきました。私が初めて日本に滞在したのは一九七〇年で、日本がちょうど国際的に頭角を現そうとする時でした。その後、私が日本に戻ってくるたびに社会が豊かになっており、同時に、日本がアメリカの庶民文化や映像文化に席巻される時期を目にしてきました。

現代は世界規模での〝明治維新〟の夜明け前とも言えるかもしれません。インターネットが発達し、社会網（ソーシャル・ネットワーク）が盛んになり、誰もが会話体の言葉で書き、勝手な考えや意見を発表できるようになり、あらゆる書き物での表現が稚拙になりました。インターネット語が言葉の真の意味を歪め、表現が不正確になり、皆が自分の正しい言葉を忘れ、哲学的な主題を討論することも覚束ない状態になり、個人と個人の交流であるべきものが地球化し、地図の上での伝統的な国境が感じられなくなりました。

アメリカは人口が多くてお金持ち、無数の異民族から成る国なので、その文化は平均して誰にも受け入れ易い庶民文化でもあるのでしょう。アメリカ市場は大きいので、国内の商売だけで元を取っており、輸出での儲けはおまけなので、安い値段で売れ、製品は世界中に広まります。その文化が日本ばかりか世界を水浸しにし、世界辺地での独自の文化の発展は窒息してしまう恐れさえあります。日本の周りの、日本ほど頑なではないシンガポールや韓国や台湾は、ためらいもなくアメリカ化を促進し、流行に乗り、ある意味ではそれを誇りにしているようです。

日本にも英語に乗った文化が、検閲もなく日本にも入ってきます。日本は世界の流れに乗るのに努力していますが、他のアジア人ほど波乗りが上手ではありません。日本の特殊すぎる文化や言葉や習慣の犠牲か、とも疑われます。七〇年代にはまだフランス語やドイツ語やスペイン語を熱心に学ぶ人もいたそうですが、今や日本人は誰でも、少し変異した英語をブツブツと呟くようになりました。

ただ私には、日本が他の国に遅れを取っている、その理由がわかるような気がします。日本は国境のない文化を消化し、自分のものにしようとしている最中だからなのです。今は昔、中国や韓国の、はたまたポルトガルの文化を取り込んで、自分の物にしてしまった時のように。

一九六〇年代に日本で〝小さな親切の運動〟が始まり、一九九七年からは〝世界親切デー〟となり、世界中で十一月十三日に実践されるようになった、と聞きました。さらに日本は、一九九九年にパリで生まれたと言われる〝隣人づきあいの日〟を輸入したそうですが、これは日本の〝小さな親切の運動〟の影響の逆輸入だと思います。その他に、〝音楽の日〟や〝読書の日〟や〝女性の日〟なども続いて生まれました。これらは恐らく、世界化による人心の荒廃に抵抗する、日本とフランスの共同戦線でしょう。

それから何十年か経ってからです。英語が世界でも最低の日本が、クイジーヌやマンガやアニメやビデオ・ゲームやカワイイやコスプレなどで世界を席巻し始めたのは。

日本人はユダヤ部族の一つ？

エルサレムの最初の寺院が破壊された時に、イスラエルの十の部族が世界に散らばりました。ある奇抜な説は、その時に失われた部族の一つはアイルランド人である、と言います。アイルランド人と言えば、キリスト教、それも旧教徒で知られる国です。しかし、そう言わてみると、アイルランド人の雄弁さと表現力の豊かさや進取の気性は、ユダヤ人のアシュケナヂーと共通するものがあります。例えば、アイルランド系のアメリカ人は数少ないのに、これまでのアメリカの大統領四十六人中、アイルランド人の血を引く大統領は二十二人だと言われます。

ジェイムス・ジョイスの、とても読み辛い名作〝ユリシーズ〟は、アイルランドの首都ダブリンでの話なのに、その主人公はアシュケナジー系のブルーム氏だったのを思い出すし、二十世紀を代表する哲学者アンリ・ベルクソンも、その母親はアシュケナジー系のアイルランド人だったのも思い出します。

だけど、日本人の一部がイスラエルの失われた部族の子孫である、と主張する説は?? まるで、タチの悪い冗談みたい。

でも私は、その説を知って、日本人とユダヤ人を比較したくなりました。より正確には、日本人と、アシュケナジーと呼ばれる東欧系のユダヤ人との比較です。

すでに一八八三年、当時の著名な歴史学者であるエルネスト・ルナン、そして二十世紀の前半、別の歴史学者マルク・ブロックが、〝アシュケナジーの起源は今は滅びたカザリア帝国である〟と主張しました。最近の遺伝子分析も、その説を支持するようです。そのカザリア王国は、現在のカスピ海の周辺に存在していた、と推定されています。

モスクワの新聞〝オゴニオク〟によると、一九八〇年代の末、ヴォルガ川付近の村人たちがカスピ海のデルタ地帯に農園を作ろうとして鍬を入れた時、人骨や煉瓦や陶器が出てきました。ただ、その遺跡らしい箇所が発掘されるには、当時のソビエト連邦が崩壊し、今のロシアになるまで待たねばなりませんでした。

二〇〇〇年になってやっと発掘が始まり、最近の発見も合わせて、黒海とカスピ海の間の、ヴォルガ川が注ぐデルタ地帯にトルコ系の遊牧民が住んでおり、七世紀にはカザリア王国を設立していたことがわかりました。実際、カスピ海の〝カスピ〟という発音は〝カザリア〟の訛りらしい。その王国にイスラム軍が攻め込んできて、イスラム教への改宗を迫りますが、カザリア王はすぐには応じず、キリスト教とユダヤ教とイスラム教の代表者たちを呼び集め、どの宗教が良いかを検討しました。ユダヤ教徒が、自分は神様に選ばれた民であると自称し、キリスト教徒でさえそれを認め、イスラム教徒がそんなキリストの存在を認める状況では、カザリア王がユダヤ教を選んだとしても不思議ではありません。かくしてカザリア王国は、八世紀半ばから九世紀にかけてユダヤ教を採用したそうです。何だか日本のお伽噺、〝打ち出の小槌〟の話みたいですが、それだからこそ、この説には魅力があるのでしょう。

ただ、カザリア王国は十世紀末にロシアに攻撃され、カザリア人は十一世紀初めから欧亜大陸に分散し、東へ移住した者はタジキスタンに集落を作り、一部はさらに東進してハバロフスク付近に到り、アムール河の中国対岸の周辺に自治体を作りました。アフガニスタンの部族の一つも、実はユダヤ系のエフライム族の子孫だ、という説も私の浪漫を膨らませます。

西へ進んだカザリア人達はポーランド、ハンガリア、チェコ、ドイツなどに定住しました。このカザリア説によれば、アシュケナヂーの元祖はトルコ系だということになります。

アメリカには東欧から移民してきたアシュケナヂーが多く、特にハリウッドは、製作者や監督はいざ知らず、俳優も多数で、ハリウッドは彼らによって経営されている、と言われています。視覚的には、映画で観るカーク・ダグラス、ポール・ニューマン、ダスティン・ホフマン、ハリソン・フォード、ショーン・ペン、グイネス・パウトロウ等々の顔を思い出してみてください。何れも普通のヨーロッパ系とはどこか違い、少しスラヴ風の馬面をし、どこかバビロン的な彩を感じ、典型的なハンサムや美女ではないけど、なぜか、反英雄的な魅力で溢れています。

さて、それが日本とどんな関係があるのか？　まずカザリア王国は、欧亜大陸のアルタイ地方かその近くであり、日本の縄文族もその辺りが起源だという説が根強いはずです。しかも遺伝子の分析では、アシュケナヂーも縄文民族も、ヨーロッパ系の遺伝子を持っています。さらに、日本語はトルコ語の構造に近い、と言われ、アシュケナヂーがトルコ系であるとすれば、縄文人とアシュケナヂーは似たような言葉を話していたことになりますね。

さらに遺伝的には、アシュケナヂーと日本人は、アルコール耐性と乳製品に対する耐性がヨーロッパ人よりずっと低いのに、他のアジア人よりは高い、という共通点もあるようです。つまりアシュケナヂーは、アルコールを飲むと心持ち赤くなる人が多く、牛乳を飲むと下痢をする人が多い。

まるで日本人を思わせます。牛乳を飲むと下痢をするのはラクターゼというラクトース分解酵素が不足するからですが、それはヒットラーがアシュケナヂーを人種差別する科学的な根拠の一つだったそうです。

しかし、です。縄文人はカザリア帝国が滅びるずっと前、西暦前一万年以上前から日本に住んでいました。だから縄文人は、カザリア帝国がユダヤ教を国教とする前から日本に移住しており、ユダヤ人の一部族ではなく、カザリア帝国の近くに住んでいた人種に過ぎない、それが真実か、または仮想真実なようです。

それはともかく、著名な遺伝学者でアシュケナヂーの、デーヴィッド・ゴールドスタイン博士の話は愉快です。

「私はカザリア人の血を引いている。私の父には妹が何人かいますが、その内の一人は眼が東洋人みたいに吊り上がっており、彼女の娘の一人は叔母よりさらに吊り上がった眼をし、その娘の娘は、まるでアジアのステップから真っ直ぐに出て来たような顔つきをしています」

日本人はユダヤ人じゃない！

〝ユダヤ人は空間を生きるのではなく、時を生きる〟と言います。確かにユダヤ人、特にアシュケナヂーはイスラエルという国に住む必要はなく、世界中に散らばって生きています。アシュケナヂーの偉大な思想家ジョージ・スタイナーは

「ユダヤ人の本当の故郷はイスラエルではなく、自分が生き、〝トラー〟（モーゼの五書）を熟考する、その場所だ」

と言っています。ただ、時を生きるというのは、ユダヤ人としての共通の歴史と共に生きるという意味か、今という時代と共に生きるという意味か、私にはわかりません。ユダヤ人は世界の至る所に住みながら、お互いに連関性を保ち、必要になれば今は〝技術的〟に祖国になったイスラエルを助ける人も多い。それらのことを考えると、〝時を生きる〟とは、恐らく歴史と現代の両方と共に生きている、という意味なのでしょう。〝土地〟には拘らないが、〝自分の歴史〟と〝今〟には拘る！

先に述べたように、自分の遺伝子の起源を辿り、先祖がどんな困難を克服して生きてきたかを考えることは、その人の自信とやる気を増し、知的能力を改善するそうです。世界化した現代では、自分がどこに行くかを知りたい時は、まず自分がどこから来たかをハッキリさせねばなりません。

ユダヤ人の歴史は、その点で最も参考になります。彼らは伝統を重んじ、自分たちは何かを常

に考え続けているからです。ヨーロッパであれほどの迫害を受けながらも、自分のルーツを隠そうとせず、自分が神に選ばれた民族であると信じ続けているのですから。

ユダヤ教から改宗した人、または無神論者になった人は山ほどいます。ユダヤ教では今でも救世主が現れるのを待っていますが、キリスト教にとっては、その救世主として現れたのがキリストですから、ユダヤ教からキリスト教に改宗するには、儀式も似ており、知的作業で一線を越せばよいわけでしょう。

エマニュエル・ケシエ氏によれば、二十世紀を代表する哲学者アンリ・ベルクソンは、

「自分は考えれば考えるほど、カトリックに近づき、それがユダヤ教の行きつく終点だと思う」

と言って、カトリックに改宗しようと思いました。しかし第二次世界大戦前の反ユダヤ人感情の高まりを眼のあたりにして、

「自分は明日にも迫害されるだろう人々の間に残っていたい」

と考えを変え、改宗を思い止まったそうです。

歴史学者のマルク・ブロックは、第二次世界大戦中にフランスを占領中のナチスへの抵抗運動に入り、終戦の一年前に捕らえられて銃殺されましたが、

「自分は生まれのせいで、実践もしない宗教によりユダヤ人とみなされていますが、自分はそこ

に誇りも恥も感じません。ただ望むのは、自分がそれなりの歴史家であることです。人種に由来する素質なんて、架空の話です。自分はかつて、地中海、トルコ－カザリア、スラヴなどの地方から募集され、ユダヤ教の信者になった人々の子孫だ、というのが事実です。そんな人間にユダヤ人という純血人種の概念を宛てがうほど愚かな行為はありません」

と述べています。これはサルトルが定義した、

「ユダヤ人を作り上げるのは、反ユダヤ主義である」

という言葉にも当たります。つまり、ユダヤ人という人種はおらず、彼らはフランス人とかドイツ人とか、ちゃんとした国籍を持っており、ただ彼らの宗教がユダヤ教であるだけなのです。なので、いわゆるユダヤ人はしばしば、キリスト教に改宗したり、無宗教になったりします。ところが、巷の人々はそれでも、改宗した人を指さし、〝あの人はユダヤ人だ〟と言い続けるのです。そんな巷の人々は、反ユダヤ主義者だからだ、と言えるでしょう。

マルク・ブロックの言葉は一見して、私の日本人が特殊だという意見に逆行すると思われるかも知れませんが、実はそうではありません。私が日本人は特殊だと言うのは、人種としてではなく、日本の地理や気候が作った日本人の〝ニホニチュード〟のことなのです。それは、腰が強く、根性があり、深みのあるワインと同じようなものです。

さて、〝ユダヤ人は空間に生きるのではなく、時を生きる〟という名言に戻りますが、日本人はまるで逆です。新聞などを読むと、日本人は日本島という〝空間〟に生きていることは意識しているようですが、〝時〟に生きていることには無関心なよう。

実は日本人は、大切な切り札を持っています。それは〝時〟です。ただ、ユダヤ人のように自分の歴史を反芻しながら議論し、それを利用する気があるかどうか、の問題だと考えます。

タコは非常に賢い動物で、どんな入れ物の中に閉じこめても、いつかは這い出してしまいます。ただ一つの欠陥は、自分の経験を子孫に伝えることができないので、親は自分の経験とその時の記憶で生き、進化はそこで止まってしまいます。人間がタコより目立って賢いのは、自分の経験を子孫へ伝える能力があり、想像力があるからです。

「ユダヤ人は、両親がユダヤ人だからユダヤ人であるのではなく、彼らの子供がユダヤ人だからユダヤ人なのである」

これは友人のミリアム・ルアーから聞いた話ですが、彼女はラビ（ユダヤ教区の長）のお嬢さんで、この言葉を格言のように暗唱していました。この言葉が意味するのは、ユダヤ人は、親が自分の得た知識を子供へ伝える方法を知っている、という点でしょう。

ユダヤ系と言われる人達は地球の至る所に分散していますが、彼らは自分らで造り上げた〝ユダヤ性〃で統一され、そして強い連帯意識を持っている。私には、それは宗教やユダヤ民族の歴史というより、一種の哲学みたいに思えます。

もし日本の紀元の想定元年が西暦前の六六〇年に該当するとすれば、ユダヤ暦の想定元年は西暦前の三四六〇年に相当するので、日本より三千年近く旧いことになります。さらにもっと法外なのは、日本の紀元元年は一つの島国の誕生に過ぎないのに、ユダヤ暦の元年はとてつもなく、世界の創造日なのです。そのことは、ユダヤ教の掟である律法〃トーラー〃が保証するようです。ただ、日本の紀元を語る古事記も、ユダヤ人の〃トーラー〃も、お互いに口伝の歴史が長いので、事実は誇張で曲げられたに違いありません。

ただ、ユダヤ人が日本人と違うのは、そんな神話の回りに、ためらいもなく自分の歴史を造り上げてきて、今ではそれがユダヤ人の間での団結心の基礎になっていることです。第二次世界大戦後にイスラエルを建国したユダヤ人たちは、すでに英語、仏語、独語、露語などのどれかを話す人達だったにも拘らず、昔のヘブライ語を改善して近代国語にまで作り上げてしまいました。

ミリアムに夕食に招待され、食事前のユダヤ教のお祈りが終わった後、私は質問しました。

「ユダヤ人が成し遂げた大きな事件は何だと思う？」

「それは〃唯一神〃を考え出したことでしょう。モーゼがいた頃のエジプトは、概ね多神主義だったの。それがユダヤ人の、最初の発明よ」

〝唯一神〟は〝多神主義〟に対して歴史的な進歩になるのか？　私には少し疑問でした。なぜなら、日本には沢山の神様がおられますが、日本人はそのことで特に苦労している風はなく、むしろ楽しんでいると思ったからです。

「モーゼはユダヤ人をエジプトから脱出させた後、シナイ山で、神様から〝十戒〟と呼ばれる訓戒を与えられ、それもこれも、モーゼの教えに全て纏められ、口伝の律法〝トーラー〟となったの。ユダヤ人は〝トーラー〟を実践しなければならない。〝トーラー〟はユダヤ人の第二の発明と言えるでしょうね」

　私は少し混乱し、尋ねました。

「私、ユダヤ教は旧約聖書に基づいているものとばかり思っていたわ」

「〝トーラー〟は、旧約聖書の三部作の内の、最初の部になっているわ。それから〝トーラー〟の教えに関し、法学者たちは数世紀に渡って討論し続け、それらが纏められて〝タルムード〟に編纂されたの。だから〝タルムード〟は、本文と注解から成るの。これがユダヤ人の、第三の発明ね」

　ミリアムはまるで試験のために暗記しているように、滔滔と続けますが、要するに、西暦四〇〇年頃に編纂された〝エルサレム・タルムード〟と、西暦五〇〇年頃に編纂された〝バビロニア・タルムード〟があるけど、後者の方が権威を持ち、簡単に〝タルムード〟と言うと後者を指すそうです。

　私はミリアムの話を聞きながら、再び日本の〝古事記〟のことを思いました。それじゃ〝古事記〟は〝トーラー〟に当たるのでしょうか？　これは西暦七一二年に編纂され、聖徳太子が西暦六〇四年に成文にしたという〝一七条憲法〟をも含んでいるそうですね。

　ミリアムはこう教えてくれました。

「〝トーラー〟のヘブライ語版は巧緻さ、深さ、言葉の遊び、微妙な違い、考えの構成の仕方などのせいで複雑で、それを翻訳しても、まあ、それも一つの解釈法だな、と言われるぐらいの価値しかないのよ」

　古事記もそうなのでしょうか？　ただ日本には、ユダヤ人の第三の発明、学者達による注釈付きの〝タルムード〟に当たる教本は、まだ存在していないようです。

　多くのユダヤ人は〝タルムード〟を前にし、その周辺に編纂された解説群を見ながら、さらにそれらに疑問を投げ掛け、批判し、考え続けます。ミリアムはさらに続けます。

「〝タルムード〟とは、〝トーラー〟に関するいろんな注釈であり、それは〝ユダヤなるもの〟での権威なのよ」

私は〝ニホニチュード〟という言葉と並行させて考えました。〝ユダヤなるもの〟とは〝ジュデオチュード〟と言えるのでしょう。〝ジュデオ〟とはユダヤの形容詞型だからです。

「同情や憐憫の情を、真実に対抗させて対話した結果なのよ。神様は知っているけど、頁の下に書かれた注釈はあらゆる意味で霊的なものであり、しかも、とても機知に富んでいる」

なので、タルムードは、ユダヤ人の生活や宗教や道徳や伝統に関する集大成だと言えるのでしょう。特に私はミリアムが挙げた次のような記述に打たれました。

〝お前が世界を改善するために何もしなかったら、お前の生活は何の役に立つのだ？〟

小さな民族にしては何と壮大な考えでしょう。

「さらに、ユダヤ教徒の大きな特徴は、家族の存続を重視すること。最初に幾つかの家系があり、それらが、親から子へ、代々の家族の伝統を伝えるの」

ミリアムの言う〝最初の幾つかの家族〟とは、〝コーエン〟とか〝レヴィ〟という幾つかの家系なのでしょう。何しろ、ユダヤ人の半分は〝コーエン〟か〝レヴィ〟の、どちらかの姓を持っているような印象を受けます。

「〝あらゆる独身者は人類に属する資格がない〟とも言っているの」

そう言ってミリアムは笑いました。彼女は四十を越しましたが、結婚していないのです。結局は、結婚しないユダヤ教徒はユダヤ人ではない、と言っているのです。

「でもね、結婚すればよい、というわけでもないのよ。なぜなら、〝結婚するときには学識者を選べ〟とも言っているの。私はそんな人と出会わなかったから、仕方がないわね」

ミリアムは少し背が高すぎるだけで、非常に魅力のある女性なのに、賢さが過ぎ、研究に打ち込み過ぎたのだ、と私は思います。

「男性には、〝男たるもの、自分の持つ全てのものを売ってでも碩学の娘と結婚すべし。また、自分の娘を碩学と結婚させるべし〟だって。女性解放運動者がまだ抗議して来ていないのは、聖書を読んでいないからでしょう」

ミリアムの話を聞いていると、ユダヤ文化では父親の役が重要で、子供を教育し、法を教えるようです。しかし〝ユダヤ・ママ〟という表現があり、それは子供にガミガミと食らい付く母親の姿を指します。なので、母親からの入力も大きいのでしょう。ミリアムは、

「ユダヤ教徒は、キリストを預言者と認めず、救世主を待ち続けているでしょう？　そうして待っているあいだは、善と悪の間で闘争と努力を続けるのです。そうでないと世界が静まってしまう。キリスト教や回教では救世主が現れてしまったので、ユダヤ教に比べれば落ち着いた宗教

になってしまったのよ」

日本の文化でも常に〝間《ま》〟という空間を造り、不完全の状態を尊重します。それと同じ精神構造なのかもしれません。日本人は言うでしょう。

「間がなくなると、窒息する。間《ま》がある間《あいだ》は進歩する余地が感じられるのだ」

ユダヤ人の反抗の歴史

ユダヤ教徒の才能は、一つの標語の回りに神話を造り上げてしまったことでしょう。自分の起源を神秘さで覆ってしまったと言ってもよい。その標語とは〝十戒〟のことです。〝トーラー〟の語る〝出エジプト記〟や〝申命記〟によると、ほぼ次ぎのような内容です。

一. 私の他に神があってはならない。

二. いかなる像も造ってはならない。

三. 安息日を心に留めよ。

四. 神の名をみだりに唱えてはならない。

五. 父母を敬え。

六. 殺してはならない。

七．姦淫してはならない。
八．盗んではならない。
九．隣人に関して偽証してはならない。
十．隣人の家を欲してはならない。隣人の妻、男女の奴隷、牛、ろばなど、隣人のものを一切欲してはならない。

ただ、ミリアムによれば、その十戒でさえ、〝エルサレム・タルムード〟と〝バビロン・タルムード〟では色んな解釈の違いがあります。使われた言葉の表現の形がはっきりとは定義されていないからです。

「だから、まずは疑ってかかるの。結局、全部で確かに十個の訓戒になるかならないか、そんなことはどうでもよいのよ」

ご存じかどうか、同じ〝十戒〟にしても、私たちのキリスト教では、また解釈が違います。キリスト教の〝マタイの福音書〟によれば、〝十戒〟の内容はユダヤ教みたいに否定的ではなく、愛を強調する解釈の仕方をしています。ここですでに、ユダヤ教の信者とキリスト教の信者の間での葛藤の歴史が始まります。

恐らく十戒の二番目の教えに従うせいか、偶像化される人に抵抗する人の中には、必ずユダヤ人がいます。資本主義に対抗したマルクス、共産主義に対抗したパステルナーク、スターリンに対抗したトロツキー、ナチスに対抗したハンナ・アレント、ド・ゴールに対抗したコーン゠ベンデイ、アパルトヘイトに対抗したナディン・ゴーディマー……。

ユダヤ人の優秀さに関しては、驚くほど単純な説が、真面目に討論されています。例えば、現存するユダヤ人は特殊な歴史の間に無数の迫害を生き延びてきた人達だから、有能な人々だけが自然淘汰されて残った……。しかし実際には、私達と同じくらい凡庸なユダヤ人も山といますから、この説はいただけません。むしろ彼らの才能は、彼等の信教に基づく、考える習慣や討議する習性に根源を求めるべきなのでしょう。

ただ彼らは太っ腹で、良かれ悪しかれ、人の目を惹く、桁の違う醜聞を引き起こすのはなぜでしょうか。最近の事件だけでも、ルインスキー嬢、当時のクリントン大統領の職場で愛人関係を結び、彼を窮地に追い込んだ。マドフ氏、ウオール街での証券取引で、どうせいつかは行き詰るポンヅイ詐欺をやり、グルだった二人の息子に密告されて終身刑になり、息子の一人を自殺させ、本人も牢屋で亡くなった。ストロース゠カーン氏、国際通貨基金総裁なのに、ニューヨークのホテルの部屋で、黒人の掃除婦を襲って警察に捕まり、フランス大統領の有力な候補だった地位を台無しにしてしまった。エプスタイン氏、未成年の少女たちを売春させた醜聞で英国王家の一員まで巻き込み、最後には牢屋で自殺した。ワインベルク氏、ハリウッドの映画製作者、権力を利用し、数知れない女性に暴行し、二〇一七年には世界的な〝MeToo〟運動を引き起こした……。彼女と彼らは皆、アシュケナジーなのです。彼らや彼女らには、国境がないばかりか、善と悪の彼岸、つまり善と悪の境目さえ超えているのです。

そう、ユダヤ人はとても太っ腹です。ユダヤ教はキリスト教や新興宗教みたいな勧誘はせず、ユダヤ人は母系承継と言いながら、カザリア人がそうであったように、なりたい人は全部ユダヤ人にしてしまうかのよう。いわゆるユダヤ人という民族はおらず、ただユダヤ教を信じるかユダヤ教へ改宗した人がユダヤ人と呼ばれるそうです。だから、世界中にユダヤ人がいても、シベリヤの端にユダヤ人部落があっても、中国人の中にユダヤ系がいても、それはその柔軟な定義のお陰かもしれません。ナチス時代には、祖父母の一人が〝ユダヤ人〟であればユダヤ人と定義されたそうですが、そんな定義をされたら、その内に世界中のほとんどが何らかの関係でユダヤ系になってしまうでしょう。

逆に日本では、殊勝な外国人が日本の国籍を取ろうとして神道に入っても、簡単には日本人とは呼ばれますまい。日本人は血縁関係に固執するからでしょう。その点に関するユダヤ文化の柔軟な態度は、日本文化が採り入れてもよい点でしょうね。

アメリカ在住の日本人は、アジア人の中では欧州系の人と結婚する割合が多い方だそうです。特に日本女性はアジア人の中では欧州系の男と結婚する割合が一番多い、と聞きました。ユダヤ人の例に従えば、アメリカにおける〝ニホニチュード〟を維持するには、結婚相手の非日系人に簡単に日本国籍を与え、できれば子孫も日本人の子供として教育する。伝統的な日本人の血は一滴もなくても、日本の歴史を共通の出発点にして日本の伝統を維持してくれる人は、どんどん日本人にしてしまえばよい。

〝トーラー〟対〝古事記〟、〝十戒〟対〝一七条憲法〟

レヴィ゠ストロース翁（7）はおおよそ次のように述べています。

「神話は中央アジアが起源となり、一方では西方の果てフランスに、他方では東方の果て日本に達した。フランスはどの国民もできない程度に、思想の順序において、分析と系統的批判を押し進めたが、日本はどの国民もできない程度に、感情と感性の分野で、分析の嗜好と批判精神を発展させた」

その結果、日本語の中での〝美しさ〟や〝喜び〟に関する表現は、驚くほどに豊かです。音楽に関しても日本の演歌を聞いていますと、西洋音楽の全く反対の立場から、西洋の音楽と同じくらい胸を打つのです。翁はそのことも述べています。

そんな特殊性もあってか、インターネットのプラットフォームから選び出される音楽の傾向をみますと、世界中の人が英語圏の音楽で席巻されてしまった現代でも、日本人とフランス人とブラジル人だけは、自分らの国の音楽を選び出す割合が高いそうです。そんな事実はレヴィ＝ストロース翁の日本音楽観とも並行するのでしょう。

私の国では事件があるごとに歴史学者がテレビに引っ張り出されて、その事件の歴史的な意味を解説してくれます。前に私が述べましたように、日本のテレビでは、歴史学者が歴史を学究的に解説しているような番組にお眼にかかるのは、非常に稀でした。しかし、過去を哲学的に学び、過去に拘るのは、非常に重要なことに思われてなりません。

そこで私は古事記の英訳版を読んでみました。古事記による国の生誕の場面は、まさに〝タルムード〟（〝トーラー〟とその注釈書）の創世記での記述に似ています。古事記では国の始まりは天と地で、地はドロドロの油の状態で、そこにいろんな神様が生まれました。創世記では神様は一人で、それが天地を創造し、混沌とした地に生物を造りました。

古事記では女の神が男の神より先に言葉を放つという罪を犯しました。男が支配すべき世界だったからでしょう。創世記では女が男に林檎を食べさせるという罪を侵し、やはり男に支配されます。古事記でも創世記でも、蛇はよこしまなものを代表するものとして述べられています。もともと、神武天皇が天照大神の子孫であるという話は、科学的な人にとっては、信じるに足りない戯言だと思えることでしょう。しかし一方で〝タルムード〟をご覧ください。モーゼが神様の助けで海を二つに分け、自分らの祖先をエジプトから脱出させ、さらには、シナイ山で神様から口頭で〝十戒〟を授けられたという話も、同じ位に奇想天外ではありませんか！

　ところがユダヤ人は、それを基にユダヤ性を定義し、今でもそれを敬っているのです。ユダヤ教徒がそんな話を本当に信じているとは露にも思いませんが、感嘆に値するのは、信じるか信じないかは別にして、そんな夢物語を基に、自分の歴史を造り上げてしまった事です。ユダヤ教徒のそんな才能と、ロマン精神には脱帽せざるを得ません。彼らは神様さえも相対的に考え、他人の考えはともかく自分には神様だ、と割り切って考えているかのようです。アシュケナヂーのアインシュタインとボーアが示して以来、私達の考える真実も見方によって異なる比較的な真実に過ぎず、確率の問題に過ぎないらしいことがわかってきたではありませんか。神様が存在するかどうかも、確立の問題に過ぎないのかも知れません！

　日本にも、聖書の〝十戒〟を思わせる訓戒があるのに、私は気が付きました。それは〝十七条憲法〟です。聖徳太子が西暦六〇四年に成文にしたもので、全体的には当時の支配層に道徳を説いたものでしょうが、篩に掛けてみると、十七条の内の七個の条は、名指しで役人へ当てられた条項です。それらを除くと、十戒と同じように、十個の条項になります。

一．和を大切に（一条）。

二．三宝（仏と教えと僧）を敬え（二条）。

三．天皇の命令には従いなさい（三条）。

四．悪を懲らしめ、善を勧める（六条）。

五．任務には適任の人に任せよ（七条）。

六．何事も真心をもって臨め（九条）。

七．怒ってはならない（十条）。

八。功績や過失に対して賞罰を与えよ（十一条）。

九。民衆を使うときは時期を選べ（十六条）。

十。重要なことは一人で判断してはならない（十七条）。

ただ、先に述べましたように、日本の歴史には、〝タルムード〟（勉学、稽古、検討などの意味）に当たる注釈書がありません。ユダヤ教徒であれば、これらの訓戒に従う前に、まず、それへの疑問を呈して、論争するのです。〝タルムード〟を編纂するのにユダヤ人は、三百年かそこらの時間を掛けました。

例えば十七条憲法の一条目の「和を大切に」という訓戒では、相手が和を求めないときにはどうすべきか、武力で牽制することが許されるか、場合によっては武力を行使してよいか、などなど、色んな論争ができるでしょう。

二条目の「仏と教えと僧を敬え」に関しては、仏の教えと自分の良心に矛盾があるときはどうすべきか、僧に信心がない場合に信者は公開で批判する権利があるか、などなど。四条目の〝悪を懲らしめ、善を勧める〟では、悪がよくわからない時はどうするか、悪人を懲らしめれば、十倍の善人も苦しむ時はどうするか、間違えた時には許されるか、などなど。

上記の十項には入れていませんが、役人または公務に関する七個の訓戒でも、それらは一般人に対しても応用されるべきであるかどうかの論議から始めるべきでしょう。そして、矛盾がない限りは民間企業や家族にも応用すべき、という結論に達するでしょうね。その場合、その矛盾とはいったいどんな場合に起こるか、も議論点になるでしょう。

かくして、長い際限のない討議が繰り返され、ことあるごとに十七条憲法の原文と解釈法に戻り、解釈の違いを論議し合うとします。少なくともその間は、浪費社会やツイッター社会の浅はかさと無為さから離れ、長い目で深く考える昔からの習慣に戻る機会が得られることでしょう。

それらの論議を集大成すれば、それは〝タルムード〟に該当する解説書になるに違いありません。

奈良への思い

人類学者レヴィ＝ストロース翁はだいたい次のようなことを指摘しています（8）。

「フランスでは一七八九年のブルジョワと農民が組んで起こした革命で過去の文化や人物を破壊・殺戮し、過去との絆を断ってしまい、産業革命でイギリスに遅れをとった。日本はその百年近く後に明治維新という革命を行ったが、日本の先達が偉かったのは、過去を破壊するのでなく、むしろそれを復興したことだ。彼らは西欧に追いつくため、日本の魂を一時的に脇に置き、西欧の模型にそのまま従うのではなく、形だけ西欧へ適応させた」

明治維新。当時の指導者達が欧米人による国境侵害の危険に直面し、総意して採った態度は傑出したものでした。彼らの目的は日本の魂を保つことでした。開国して世界の流れに適応する必要性を認めながらも。

世界が標準化してきて、しかも民族が自由を得ると、彼らは自分の拠りどころを求めて、または特異性を主張するため、何か従属するものを求めるようです。植民地主義の崩壊ばかりか、チトーが統一したと思われた旧ユーゴスラヴィアは、彼の死後、戦争を経て、幾つもの民族域に分かれてしまいました。ソビエト連邦も伝統的な民族ごとの国へ戻ってしまいました。中国に対するチベットや台湾の抵抗、スペインでのバスク民族やカタローニア民族の反抗、英国に対するスコットランド人やウエールス人の独立志向。

世界が民族域や文化域に分かれる傾向の中で、威厳をもってそれに立ち向かうには、世界の流れを追っても埒があきません。その代わりに自国の文化をよく認識し、それを土台にして世界の流れに自分を少しずつ適応させ、調整し、立ち向かうしかないでしょう。

私が外国へ出ると、最もはっきりした目安は自分の祖国となります。今では同じ国の中でも、回教徒と結婚したい男は回教徒に改宗し、回教の地域社会に入ります。ユダヤ教徒は世界中に散在しているのに、ユダヤ性を基に連帯します。ペントコースト派は音楽や踊りで連帯感を養い、教会の庶民化に努めます。エホヴァの証人派は、盛んな勧誘のせいで私の国では狂信派とみなされ勝ちでしたが、心の平和と拠りどころを求める人たちで、今では大きな集いになりました。

左派で無神論者はむしろフラン・マソンの集団を作る。すでに会員の推薦を得て、面接、三人の会員からの報告書、目隠しされて口頭試験、例え入会できても新米の間は誰にも口外できません。つまり人間は、そのような屈辱を受けてまでも、自分の存在理由を探し、自分の拠りどころを求めるのです。

日本では〝失った十年〟がマスコミで囃し立てられている間に、日本の文化は世界に受け入れられ始め、場合によっては流行の方針を決めるようにさえなりました。フランスでは寿司店の数がハンバーガーの店の数に追いつきました。ヨーロッパの若者達は漫画やカラオケやコスプレ、また子供はオリガミ、夏にはフランスの田舎では日本の紙芝居さえ上演します。さらに日本製のビデオ遊び。おかげで若者は、労働者階級の者でさえ日本語を学ぶ人が多く、日本語の翻訳はフランスでは英語に次いで多い。年に一回はパリ郊外の国際展示場で日本博覧会があり、二十万人もの若者が集まり、そこではパリッ子達が原宿族まがいの格好をして写真を撮ります。

ただ、ヨーロッパの知識層は、例え子供や孫にせかれても、そんな流行ごとには動じません。そんな知識層が日本に惹かれるのは、その実直さ、清廉潔白さ、名誉を尊ぶ気持、快楽を拒否する勇気、それらが凝縮された純粋な、歴史的な性格であるようです。

それに、対照の美。人間の根っからの優しさと、極端な残忍さが裏表にあります。自然の柔らかさと凶暴さが一緒に存在する。羞恥心と厚かましさ、謙遜さと臆面のなさ。古い慣習の尊重と極端な近代性。

経済面では、ヨーロッパやアメリカは、最初は日本の経済危機について偉そうな忠告ばかりしていましたが、最近になって自分らも同じ経済危機に見舞われ、今度は日本の失った十年の後の経験に学ぶように努力しています。

　私は列車の中でそんなことを考えながら、奈良に着きました。目的は奈良大学の訪問でしたが、ついでに橿原神社に行ってきました。もう夕方の五時に近く、雪がチラチラと舞っていました。橿原神社には誰もおらず、正面に大きな白地の旗が立てられ、そこには太い筆書きで〝二月十一日、神武天皇建国二六六五年祝い〟。うっすらと寒い日、私はこの大きな旗の前に立ってしばらく躊躇した後、半分閉まった敷居を超して神社の中へ入りました。町中の喧騒から神社の中の静寂への変化は、地上から急に海中へ、無呼吸で百メートルかそこら潜る感じでした。私は夕暮れの樫原神社の庭に入り、大きな池を前に腰掛けました。それからの時の変化は急に遅くなりました。私の思いがゆっくりと日本の古代へ蘇り始めたからです。この神社が古事記の語る〝樫原の宮〟と関係あるのかどうか知りませんが。池には木々の茂った中の島があり、その後ろには線路があるらしく、時々電車が轟音を立てて背景を横切ります。中の島ではいろんな種類の鳥がガーガーと鳴いていました。鳥達はすぐ後ろを通る電車の騒音に首さえ動かさず、もちろん振り返りもしない。自分等がこの島では保護されているのを憎らしいほどに知っているのです。しかも古事記によれば、鳥達は人間より先に、日本という島に住み始めたのです。

この荘厳な雰囲気の中で、私は急にある仮説を思い出しました。西暦一九四〇年が昭和十五年に当たり、神武天皇が日本を建国したと言われてから二千六百年目になり、建国記念日が二月十一日に制定された、という話です。神武天皇は太陽の女神であるアマテラス大御神の後継者だと言われますから、ちょうどキリストが神様の子供だとするキリスト教と同じようなものです。今は神話の話をしているに過ぎませんから、紀元の零年が科学的に正しいかどうか論外としましょう。フロイトが述べたように、人間の集団は彼らの神話に対比して定義されます。重要なことは、その神話の回りに討議を重ね、自分の精神の糧にまで高めることであるように思えます。

参照文献

（1）Rudyard KIPLING,〝From Sea to Sea〟, 37 Travel Letters from Kipling's Journey from Calcutta to London, by David Page, The Kipling Society.

（2）Walter ISAACSON, His Life and Universe, Simon & Schuster, 2007.

（3）M. HAMMER & S. HORAI, Am. J. Hum. Genet., 56, 951-62, 1995.

（4）M. HAMMER et al., Am. J. Hum. Genet., 51, 47-58, 2006.

（5）C.L. BRACE et al., Am. J. Phys. Anthropol., 78, 93-113, 1989.

（6）A. FUJIMOTO et al., Nature Genetics, 42, 931-36, 2010.

（7）C. LEVI-STRAUS, L'autre face de la lune, 45-46, Ed. Seuil, 2011.

（8）C. LEVI-STRAUS, L'anthropologie face aux problemes du monde modern, 143-45,Ed. Seuil, 2011.

（9）R.P. Luis Frois, Europeens & Japonais, Ed. Chandeignem, 2009.

（10）J. DIAMOND′ Collapse, Penguin, 2005.

（11）P. KENNEDY, The Rise and Fall of the Great Powers, Randon House, 1988.

■著者

ジュヌヴィエーヴ・エルヌフ（Geneviève Ernouf）

トウール大学、医学・薬学部および理学部卒、理学国家博士
トウール大学、医学・薬学部助手
1970年、東北大学での国際会議に出席、初めて日本の土を踏む
上ノルマンディ大学、医学・薬学部教授
厚生省付き主任薬事監察官
2008年、"Premiers Pas au Japon" をKAHUNA VISION社から出版
2022年、『英語への旅』を一葉社から出版

■翻案

内田謙二（うちだ・けんじ）

福岡県で育ち、東京大学農芸化学科卒。日本での企業生活ののち渡仏。

パリ大学理学博士。チューヒンゲン大学、チューリッヒ工科大学、フランス鉄鋼研究所などで研究。ストラスブルグ大学法科修士。1995年欧州特許弁護士、96年欧州商標弁護士取得。著書に『巴里気質（パリエスプリ）・東京感覚（とうきょうセンス）』（影書房・1986年）がある。パリ在住。

メール：kuchida17@gmail.com

日本人の心を旅する
あるフランス女性の眺めた日本と日本人

二〇二三年七月三日　第一刷発行

著　者　ジュヌヴィエーヴ・エルヌフ
翻　案　内田謙二
発行者　池田雪
発行所　株式会社 書肆侃侃房（しょしかんかんぼう）
〒八一〇-〇〇四一
福岡市中央区大名二-八-十八-五〇一
TEL：〇九二-七三五-二八〇二
FAX：〇九二-七三五-二七九二
http://www.kankanbou.com　info@kankanbou.com

編　集　田島安江
DTP　BEING
印刷・製本　アロー印刷株式会社

ISBN978-4-86385-578-6　C0095